云南省交通运输厅科技项目（云交科教〔2018〕40号）成果
复杂地质地形条件下公路工程关键技术丛书

山区高速公路地下立交建设与运营关键技术

王晓方　　张　伟　杨　林
王安民　　唐生炳　王少飞　　著

西南交通大学出版社
·成　都

图书在版编目（CIP）数据

山区高速公路地下立交建设与运营关键技术 / 王晓方等著. 一成都：西南交通大学出版社，2021.12
  ISBN 978-7-5643-8448-7

Ⅰ. ①山… Ⅱ. ①王… Ⅲ. ①山区道路－高速公路－隧道施工－云南②山区道路－高速公路－公路隧道－运营管理－云南 Ⅳ. ①U412.36

中国版本图书馆 CIP 数据核字（2021）第 257894 号

Shanqu Gaosu Gonglu Dixia Lijiao Jianshe yu Yunying Guanjian Jishu

山区高速公路地下立交建设与运营关键技术

王晓方　张　伟　杨　林
王安民　唐生炳　王少飞　　著

责任编辑	姜锡伟
封面设计	GT 工作室

出版发行	西南交通大学出版社
	（四川省成都市金牛区二环路北一段 111 号
	西南交通大学创新大厦 21 楼）
邮政编码	610031
发行部电话	028-87600564　028-87600533
网址	http://www.xnjdcbs.com
印刷	四川煤田地质制图印刷厂

成品尺寸	185 mm×260 mm
印张	14.25
字数	305 千
版次	2021 年 12 月第 1 版
印次	2021 年 12 月第 1 次
书号	ISBN 978-7-5643-8448-7
定价	120.00 元

前　言

近年来，随着我国交通建设的迅猛发展，越来越多的高速公路向西部高原山区延伸。受山区地形条件限制，一些地下环形隧道和地下互通立交开始出现，如已经通车的雅西高速公路双螺旋隧道、在建的云南香格里拉至丽江高速公路（以下简称"香丽高速公路"）虎跳峡地下互通立交等。

地下立交可以减小建设过程中对周边环境的影响和破坏，同时可以避开复杂的地质条件，但其存在结构复杂、隧道开挖断面大、结构形式多样、施工工艺要求高、交通组织困难以及运营养护难等难点。如何合理解决上述难题，是地下立交设计与建造的关键点。就目前国内外地下立交的建设现状来看，多以城市地下立交为主，公路地下立交相对较少，建设经验积累较少，相应的规范和标准相对欠缺，地下立交隧道工程关键节点安全无成套的保障体系和技术措施。

本书依托香丽高速虎跳峡地下互通立交工程，针对地下互通立交路线关键设计指标的问题，基于国内外文献综述和相关标准规范条文的分析，借助驾驶模拟实验、问卷调查、实车实验等研究手段，分别针对地下互通立交主线平纵面指标、线形组合方案、出入口连接部设计以及地下互通立交的交通组织开展了论证，在现有规范中隧道和互通立交相关设计指标规定的基础上进行探讨，初步提出了地下立交设计的关键指标要求。

针对虎跳峡互通独特的线形形式所存在的交通冲突分析和交通流引导所面临的问题，本书主要围绕虎跳峡地下互通立交路段（K48+415.78～K83+733）的线形指标、连续长下坡、隧道群以及行车安全性开展分析和研究，结合行车安全驾驶模拟仿真实验结果，提出对应的交通工程安全对策，指导工程交通安全设施设计，从而提高虎跳峡地下互通立交的整体运营安全水平；而后针对虎跳峡地下互通立交隧道关键节点施工安全保障技术难题，通过理论分析、数值计算和现场监测分析，明确平面分岔隧道的荷载变化模式和交叠隧道的施工扰动规律，提出平面分岔隧道的设计计算方法和交叠隧道的设计施工控制准则，并分析比选不同施工工法的适用性，给出最佳化的施工组织建议，形成地下互通立交结构设计与施工关键技术体系。

此外，地下立交通风系统的合理设置，是保证地下立交安全、舒适、环保营运的重要技术。书中针对地下互通立交隧道运营通风与防灾关键技术问题，结合大型地下互通立交的设置形式、交通流特性等，通过研究其合理的通风方式、营运期间的气流组织及节能技术等问题，以适应公路建设的可持续发展战略和环境保护政策，并为地下立交隧道的建设提供理论依据。虎跳峡地下互通立交彪水岩隧道大断面、交叠、分岔等独特的结构形式，对其防火及一旦发生火灾后的安全疏散提出了不同于一般隧道的要求。

本书对山区高速公路地下立交建设与运营过程中的关键技术进行了分析总结，为类似工程积累了一定的经验，对山区高速地下立体交通的发展有一定的推动作用。

本书在写作过程中，得到了云南省交通运输厅、云南建设基础设施投资股份有限公司、云南丽香高速公路投资开发有限公司、云南省交通规划设计研究院有限公司、交通运输部公路科学研究院、同济大学、重庆交通科研设计院有限公司等单位的大力支持，得到了陈维、刘旭、张海太、李志厚、陈树汪、刘涛、王康云、刘凡、田英杰、马骏、狄胜德、谢东武、周栋、陈建忠、肖支飞、王昱博等同志的技术支持，在此一并表示衷心感谢。同时书中还引用了国内外已有的专著、文章、规范、研究报告等成果，在此对相关编者和作者表示感谢。由于时间仓促且作者水平有限，书中若有不妥之处，敬请读者批评指正。

作 者
2021 年 7 月

目　录

第1章 概　述

1.1 研究背景

近年来，随着我国山区高速公路不断发展，互通立交数量也在不断增多。山区高速公路在建设过程中，受限于地形、地质等复杂条件，桥隧比高，隧道群集中，互通立交设置艰难。但互通立交作为高速公路上车辆汇集、转向和疏散的必经之点，又是高速公路建设中不可或缺的。因此在地面条件受限的情况下，为满足交通发展和适应环境保护的要求，一些地下环形隧道和地下互通立交开始出现，如已经通车的雅西高速公路双螺旋隧道、在建的香丽高速公路虎跳峡地下互通立交等。

据不完全统计，目前世界各地已经建成多个地下互通立交工程（表 1.1-1、表 1.1-2）。机动车在地下通行，通行环境与地面不同，但近年来城市地下道路以及公路隧道工程已经越来越多，人们越来越适应这种形式，积累了更多的隧道建设和行驶经验，对一般隧道行驶条件下的预期趋于稳定。

表 1.1-1　国内部分地下立交工程实例

序号	立交名称	主路段属性	立交形式	施工方法	备注
1	厦门万石山地下立交	城市快速路	全互通	钻爆法	已通车
2	厦门东坪山地下立交	城市快速路	全互通	钻爆法	已通车
3	重庆嘉华匝道隧道地下立交	城市快速路	半互通	钻爆法	已通车
4	深圳横龙山匝道隧道地下立交	城市快速路	半互通	钻爆法	已通车
5	上海外滩通道匝道隧道地下立交	城市快速路	半互通	明挖法	已通车
6	长沙营盘路湘江隧道地下立交	城市快速路	全互通	钻爆法	已通车
7	胶州湾隧道匝道隧道地下立交	高速公路	半互通	钻爆法	已通车
8	南京青奥轴线地下立交	城市快速路	全互通	明挖法	已通车
9	深圳东部过境高速公路连接线工程地下立交	高速公路	全互通	钻爆法	施工中

表 1.1-2　国外部分地下立交工程实例

序号	立交名称	主路段属性	立交形式	施工方法	所在国	备注
1	巴黎 A86 西线地下立交	绕城高速	全互通	盾构法	法国	已通车
2	N4.1 高速公路 Uetliberg 隧道地下立交	高速公路	半互通	明挖法	瑞士	已通车
3	N20.1.4 高速公路苏黎世西支路工程地下立交	高速公路	半互通	钻爆法	瑞士	已通车
4	A53 高速公路苏黎世地下立交	高速公路	全互通	明挖法	瑞士	已通车
5	波士顿地下立交	高速公路	全互通	明挖法盖挖法	美国	已通车
6	东京都地下立交	城市快速路	全互通	盾构法	日本	已通车

地下隧道有其独特的空间环境特点，导致在地下修建立交有别于地面立交，其行车环境和交通流特性也存在较大的差异（表1.1-3）。

表1.1-3　地下立交与地面立交行车环境对比

序号	项　目	地下立交	地面立交
1	路　段	在地下，空间受限，交叉路较简单	空间开阔，交叉情况复杂
2	视　野	狭窄，视距受地下洞室遮挡	视野开阔，视距良好
3	光　线	较暗，存在眩光效应、黑洞效应	由气候决定
4	空　气	CO、废气等不易排出	由当地空气状况决定
5	噪　声	车辆噪声不易扩散，且产生反射叠加	外界正常噪声和车辆噪声
6	阻塞车流疏散方式	倒车、横通道、变现、车道反向	无横通道

车辆在进入立交范围前的行驶中，就存在观察信息、判断方向，从而导致驾驶员注意力分散。如果对立交不熟悉、信息不完善或者立交的设置不合理，就无法使驾驶员一目了然，迅速作出判断。

地下立交是个半封闭、无自然光照的环境，视野差，其结果必然使部分驾驶员动作犹豫或者走错方向，因而存在一些安全隐患。特别是互通式立交还存在匝道多、线形复杂、上下坡、急弯、分叉以及立交层数多等特点。复杂的立交行驶环境难免使有的驾驶员心理紧张，在进入隧道立交段时，车速与地面立交相比要适当控制，以适应隧道这个密闭的环境。因此，在运营期间，必须对地下互通立交的交通安全与防灾救援等设施给予重点考虑。

由于交通的分、合流需要，主线与匝道须设置喇叭口分岔隧道。同时，由于地下互通立交层次穿越需要，通常会出现两条隧道上下层跨越和交叠的情况。因此，在建设期间，地下互通立交需要面对分岔隧道、交叉隧道等特殊结构形式隧道的设计与施工难题。

地下立交虽然可以减小建设过程中对周边环境的影响和对环境的破坏，同时可以避开复杂的地质条件，但其存在结构复杂、隧道开挖断面大、结构形式多样、施工工艺要求高、交通组织困难以及运营养护难等难点。合理解决上述难题，是地下立交设计与建造的关键点。就目前国内外地下立交的建设现状来看，多以城市地下立交为主，公路地下立交相对较少，建设经验积累较少，相应的规范和标准相对欠缺，地下立交隧道工程关键节点安全无成套的保障体系和技术措施。

1.2　研究意义

本书依托在建香丽高速公路虎跳峡地下互通立交工程，通过对国内外地下立交的建设和运营的大数据进行挖掘和分析，分析地下立交全寿命周期关键安全节点技术瓶颈。在此基础上开展地下互通立交路线关键设计指标研究、地下互通立交交通安全评价方法与对策研究、高速公路地下互通立交隧道关键节点施工安全保障技术研究、高速公路地下立交运营通风与防灾关键技术研究等四个方面的系统研究；提出山区高速公路地下互通立交路线指标、地下互通立交交通安全及防灾对策与措施、山区高速公路地下互通立交平面分岔点和空间交叠段的结构计算方法，建立山区高速公路地下互通立交的通风技术标准。

本研究有效解决了虎跳峡地下互通立交建设和运营过程中的各种问题，推动了滇北重要的旅游干线（香丽高速公路）的建设，完善了云南高速公路建设体系，同时填补了我国高速公路地下立交建设的空白，为类似工程建设积累了丰富的经验，尽可能避免了地面立体交通所带来环境破坏和噪声污染；很好地解决了地下立体交通建设难、通风难、管养难、灾害防治救援难等问题，进一步推动了地下立体交通事业大发展。

1.3　工程概况

在建的云南香格里拉至丽江高速公路，作为滇北重要的旅游干线，不仅是国家高速公路网北京至西藏高速的西宁—丽江联络线（G0613）中的一段，也是云南省干线公路"9210"骨架网中昆明至德钦公路的重要组成部分。该项目的建设，对于完善国家、区域和云南省高速公路网，改善区域交通出行条件，加强滇西北旅游资源的联动开发和构筑滇川藏"大香格里拉"旅游圈，促进区域经济社会发展，加强民族团结，增强国防交通保障能力，推动云南省少数民族聚居区域实现跨越式发展和同步建成小康社会目标等均有重要意义。香丽高速公路地理位置如图 1.3-1 所示。

香丽高速公路采用四车道高速公路标准建设，设计速度 80 km/h，路基宽度 24.5 m，全线共设置 6 处互通式立交，其中枢纽互通 1 处、一般互通立交 5 处。其中，虎跳峡地下互通立交，设在迪庆州香格里拉市虎跳峡镇，主要为解决虎跳峡镇交通流出入而设。立交区域位于云南省西北部。根据地形地物分布条件，该立交施工图设计中采用了"半互通+C 形调头"的立体形式，共设 A、B、C 三条匝道及一条连接线；由于受地形、地质条件限制，该互通立交进出口匝道位于隧道洞口附近，且 B 匝道入口位于隧道内。虎跳峡地下互通立交及其匝道效果图如图 1.3-2 ~ 图 1.3-4 所示。

除结构形式特殊外，虎跳峡地下互通还处于连续长下坡且桥隧相接路段，该连续下坡路段起于 6 标起点 K48+415.78，至金沙江大桥后的开达古隧道出口左右（桩号 K83+205），均为分离式路基结构。

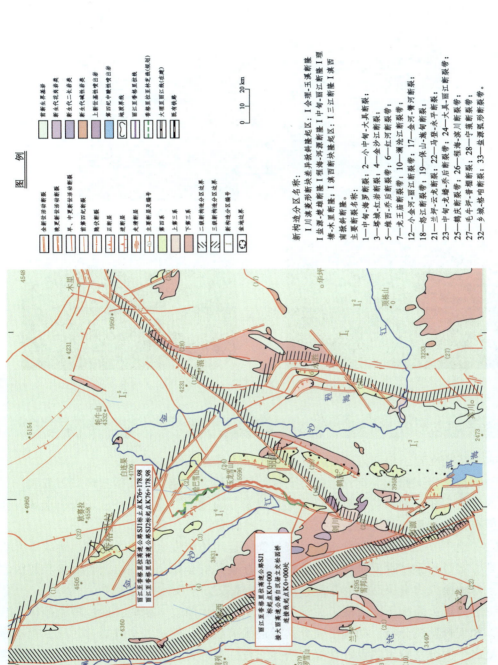

图 1.3-1 香丽高速公路地理位置

图 1.3-2　虎跳峡地下互通立交效果图

图 1.3-3　C 匝道效果图

图 1.3-4　A、B 匝道效果图

1.4　研究内容

本书依托在建工程主要进行以下几个方面的研究工作：

（1）地下立交路线关键设计指标研究：围绕地下互通立交在隧道环境下驾驶行为特性的变化规律，面临的主要安全问题，以及互通立交变速车道长度、出口形式、匝道断面布置方式和圆曲线最小半径等方面开展研究。

（2）地下立交行车安全分析与对策研究：运用传统安全评价方法对虎跳峡立交整体设计方案进行系统性安全评价，分析可能存在的安全隐患，提出改善对策和建议，并基于驾驶模拟仿真探讨对策方案的效果，为立交方案设计提供建议。

（3）高速公路地下立交隧道关键节点施工安全保障技术研究：通过理论分析、数值计算和现场监测分析，明确平面分岔隧道的荷载变化模式和交叠隧道的施工扰动规律，提出平面分岔隧道的设计计算方法和交叠隧道的设计施工控制准则，并分析比选不同施工工法的适用性，给出最佳化的施工组织建议，形成地下互通立交结构设计与施工关键技术体系，解决虎跳峡地下互通立交建设过程中遇到的平面分岔隧道和立体交叠隧道的设计与施工难题。

（4）高速公路地下立交运营通风与防灾关键技术研究：包括地下立交隧道通风环境、通风方式及气流组织、防灾技术等研究。

第 2 章

地下互通立交路线
关键设计指标研究

香丽高速虎跳峡互通立交由于受地形、地质等条件的限制，采用了"半互通+C形调头"独特的地下互通立交结构形式，且处于连续长陡下坡桥隧相接路段的坡中段，交通安全形势严峻。由于国内外无既有工程先例，地下互通立交的建设指标无具体规定，虽然满足我国现有标准规范中隧道、地上互通立交的基本要求，但若缺乏针对性的研究和相应技术标准的支持，其建成通车后的运营安全也难以保障。

本书基于国内外文献综述和相关标准规范条文的分析，借助驾驶模拟实验、问卷调查、实车实验等研究手段，分别针对地下互通立交主线平纵面指标、线形组合方案、出入口连接部设计以及地下互通立交的交通组织开展了论证研究。

2.1 地下互通立交主线平面指标研究

2.1.1 主线平面线形对地下道路安全的影响

2.1.1.1 平曲线半径对交通安全的影响

根据相关研究，有 10% ~ 12% 的交通事故发生在平曲线上，并且在半径越小的曲线路段上，发生的交通事故越多，即曲率越大，事故率越大。

1) 相关研究成果

相关研究对我国沈大高速公路不同路段平曲线半径与对应的事故率进行了统计分析（图 2.1-1），并与美国、英国、瑞典等国家的相关研究进行了对比分析。

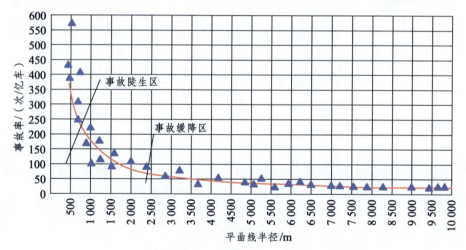

图 2.1-1　沈大高速公路事故率与平曲线半径的关系

由图 2.1-1 可以看出：

① 随着平曲线半径的增大，事故率在降低，当平曲线半径大于 2000 m 时，平曲线上的事故率低于沈大高速公路全线的平均水平。此后，随着平曲线半径的继续增大，

交通安全状况逐步趋于良好。

②当平曲线半径小于 1 000 m 时，随着半径的减小，事故率急剧增加。

③当平曲线半径减小至 400～600 m 时，事故率已高出全线平均值的 5～6 倍，交通安全状况十分严峻。

④曲线拐点大致在曲线半径为 1 000 m 处，为我国公路设计规范中设计速度 120 km/h 圆曲线半径的一般值。

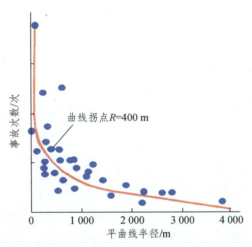

图 2.1-2 美国公路事故次数与平曲线半径的关系

图 2.1-2 为美国公路事故次数与平曲线半径的关系。其统计分析趋势与我国沈大高速公路基本一致，即：当平曲线半径较小时，交通状况恶化；随着平曲线半径的增大，交通安全状况趋于良好。美国公路的曲线半径拐点为 400 m，并认为 200 m 曲线半径对应的事故率是极限可接受的事故率水平。当曲线半径为 2 000 m 时，曲线半径的继续增加对交通安全的改善效果并不明显，此时的交通事故率较低。

美国公路的曲线拐点半径比我国沈大高速公路的调查结果要低得多，是因为它综合了所有等级公路的事故与曲线半径的调查结果。道路等级越低，曲线半径越小，其拐点曲线半径将越小。

表 2.1-1 为瑞典在车速限制为 90 km/h 的条件下，道路曲线半径的增加对交通事故降低的影响情况。

表 2.1-1 随曲线半径不同增长变化的交通事故率

初值 R/m	变化终值 R/m		
	500	700	1500
300	0.25	0.35	0.45
500	—	0.10	0.30
700	—	—	0.20

表 2.1-2 为英国格兰维尔在白金汉调查研究的相关成果。由表可以看出曲率在 10 以上时事故率急增。

表 2.1-2　曲率与交通事故的关系

曲率/%	对应的曲线半径/m	交通事故率/（次/百万车英里）
0 ~ 1.9	>5 000	2.6
2 ~ 3.9	5 000 ~ 2 500	3.0
4 ~ 5.9	2 500 ~ 1 667	3.5
6 ~ 9.9	1 667 ~ 1 000	3.8
10 ~ 14.9	1 000 ~ 667	13.6
15 以上	≤667	14.9

*注：1 mile（英里）=1.61 km，此处为保持数据原样，不作换算。

2）结论

根据以上分析及相关研究成果，可以得到以下结论：

① 大量交通事故与小半径平曲线有关。

② 交通事故的危险性（通常以交通事故率表示）和严重性随着曲线半径的增加而降低。

③ 曲线半径低于 200 m 的路段交通事故率要比曲线半径大于 400 m 的路段至少高一倍。

④ 从交通安全方面考虑，400 m 是曲线半径选择的参考值。

⑤ 当曲线半径大于 2 000 m 时，曲线半径的继续增加对交通安全的改善效果并不明显。

⑥ 具有相同或相近曲线半径路段的安全性高于曲线半径各不相同的路段，尤其是长直路段中突然插入一段小半径的平曲线，对于行车非常不利。

⑦ 对于道路来说，调整平曲线线形是提高交通安全性最有效的途径之一。

2.1.1.2　曲线转角对交通安全的影响

我国高等级公路和城市快速路均对曲线转角中的小偏角进行了特殊规定。

对沈大高速公路不同曲线半径、不同曲线转角与对应的事故率的统计分析结果表明，当曲线转角在 0° ~ 45° 变化时，事故率与转角的关系近似成抛物线，即随着转角的增大事故率在逐渐降低，当转角增大到某一数值时事故率降到最低值（即抛物线的极值点），此时随着转角的继续增大事故率又开始上升。当路线转角小于等于 7°（即为小偏角）时，事故率明显高于其平均值，同时证实了小偏角曲线容易导致驾驶员产生急弯错觉，不利于行车安全的观点。

由图 2.1-3 可以看出，当转角值在 15° ~ 25° 时，事故率最低，交通安全状况最好。美国的研究成果同样证明了平曲线转角的安全值是 20°，此时平曲线能最好地满足驾驶员的视觉特性和行车视野的要求。由此得到以下结论：

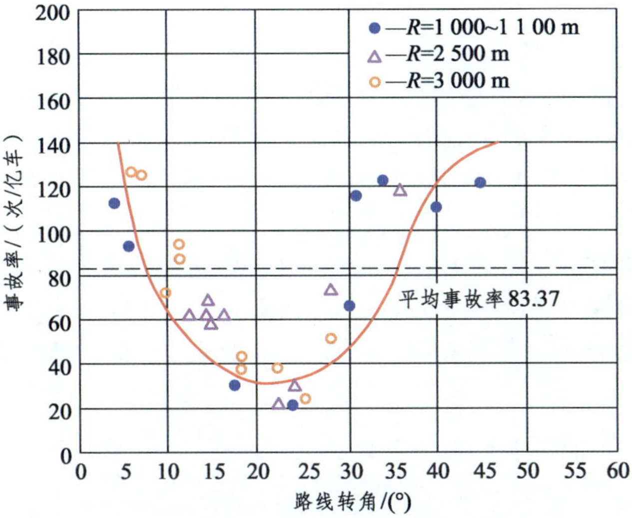

图 2.1-3　事故率 AR 与路线转角的关系

① 平曲线存在最优曲线转角。

② 曲线转角的最佳安全值是 20°，安全范围是 15°～25°。

③ 小偏角曲线（转角小于或等于 7°）容易导致驾驶员产生急弯错觉，不利于行车安全。

④ 要尽量避免较大曲线转角的出现，转角大于 30°的曲线会造成严重的交通安全隐患，大于 45°的曲线要尽可能避免。

对曲线转角的已有成果基本都是针对公路进行的研究，缺少对地下道路的相关研究成果，但个别隧道项目线形方面的研究发现，在设置有照明以及交通诱导设施等引导性较强的隧道中，小偏角对驾驶行为的影响比没有照明设施的公路要小。

2.1.1.3　平面线形对地下立交出入口的影响

地下互通立交平面线形对交通安全的影响主要体现在两个方面：

一是当互通立交整体处于地下时，由于地下道路具有密闭空间的特性，主线出入口、匝道指标较难满足驾驶人行车视距的需求。在地下道路密闭环境中，受隧道轮廓影响，驾驶人视线往往被遮挡，加上隧道这一相对封闭的环境本身就因光线不足等问题影响驾驶人视觉，一般地上道路互通立交出入口主线、匝道圆曲线半径等指标难以满足地下行车要求。因此，互通主线和匝道需要更高的线形指标和照明要求。

二是如果地下道路主线或匝道出入口处于洞外，则面临一个明暗适应带来的安全问题，尤其是当道路为南北走向时，从北向南行车车辆进出隧道面临较强的光线刺激和转变，这就需要尽量能调整出入口线形，或采取遮光棚、加强隧道出入口照明等措施，来减小明暗适应的影响。

2.1.2　规范对隧道洞口主线线形的规定

2.1.2.1　公路设计规范对隧道进出口的规定

为了提高进出洞口段的安全性，公路相关设计规范对隧道及其洞口两端路线的协调一致性作了规定，对洞口附近的平纵线形、横断面布设以及照明设施均提出了特殊要求，强调了洞口内外各 3 s 行程范围内线形的一致性，但对洞口段应满足的线形指标无特殊规定。

公路隧道很少有隧道内的出入口，也无此方面的相关研究和规定，但对互通式立交范围内主线线形提出了比路段较高的指标要求，见表 2.1-3。从表中数据可以看出：立交区最小圆曲线半径一般值是路段一般值的 2 ~ 2.75 倍，极限值是路段极限值的2.3 ~ 2.8 倍。

表 2.1-3　互通式立交区主线平曲线半径最小值

设计速度/（km/h）		120	100	80	60
最小圆曲线 半径/m	一般值	2 000	1 500	1 100	500
	极限值	1 500	1 000	700	350

2.1.2.2　城市道路设计规范中关于地下道路进出口的规定

城市道路设计规范规定了立交范围内主线平面线形标准应与路段一致。在进出立交的主线路段，其行车视距宜大于或等于 1.25 倍的停车视距。根据主线满足 1.25 倍停车视距的规定，当立交区视距受外侧桥墩、侧墙等障碍物影响时，参照前述圆曲线半径的参数，计算得到立交范围圆曲线最小半径，见表 2.1-4。

表 2.1-4　立交范围停车视距及满足停车视距的圆曲线最小半径

设计速度/（km/h）	100	80	60	50	40	30	20
1.25 倍停车视距/m	200	137.5	87.5	75	50	37.5	25
圆曲线最小半径（计算值）/m	1 905	900	383	313	139	78	35
规范设超高的圆曲线最小半径一般值/m	650	400	300	200	150	85	40
计算值与规范一般值的关系（计算值/规范一般值）	2.93	2.25	1.28	1.56	0.93	0.92	0.87

表中计算值与公路立交区最小圆曲线半径规范值相比各有大小：设计速度高时，计算值较大；设计速度低时，公路规范规定较大。

2.1.2.3　城市地下道路工程设计规范的规定

现行《城市地下道路工程设计规范》CJJ 221 也对进出洞口的停车视距作了规定：进出城市地下道路洞口处的停车视距宜采用主线路段的 1.5 倍，条件受限时，应做好洞口光过渡段处理。但对具体线形指标无明确规定。根据主线满足 1.5 倍停车视距的条件，分是否设置检修道（75 cm）两种情况，参照前述圆曲线半径的计算参数，得到地下道路进出洞口段圆曲线最小半径，见表 2.1-5。

表 2.1-5　洞口处停车视距及圆曲线最小半径

设计速度/（km/h）		100	80	60	50	40	30	20
1.5 倍停车视距/m		240	165	105	90	60	45	30
圆曲线最小半径（计算值）/m	设检修道	2 304	1 089	459	368	164	92	41
	不设检修道	2 743	1 296	551	450	200	113	50
计算值与规范一般值的关系	设检修道	3.54	2.72	1.53	1.84	1.09	1.08	1.03

现行《城市地下道路工程设计规范》中规定城市地下道路出入口的分合流端宜设置在平缓路段，应避免设置在平纵组合不良路段，分合流端附近主线的平曲线、竖曲线应采用较大半径，但无具体线形指标的规定。

根据现行《城市地下道路工程设计规范》中规定的主线分合流鼻前的识别视距的要求，计算满足地下道路出入口段主线识别视距（即分别满足 1.5 倍和 2 倍的停车视距）圆曲线最小半径，满足 1.5 倍停车视距时见表 2.1-5，满足 2 倍停车视距时见表 2.1-6。

表 2.1-6　地下出入口段识别视距及圆曲线最小半径

设计速度/（km/h）		100	80	60	50	40	30	20
2 倍停车视距/m		320	220	140	120	80	60	40
圆曲线最小半径（计算值）/m	设检修道	4 096	1 936	817	655	291	164	73
	不设检修道	4 876	2 305	980	800	356	200	89
计算值与一般值的关系	设检修道	6.30	4.44	2.72	3.27	1.94	1.93	1.82

表中计算值仅在设计速度 40 km/h、设检修道时圆曲线最小半径略小于地面道路路段不设超高圆曲线最小半径，其他均大于地面道路路段不设超高圆曲线最小半径；且远大于地面道路设超高时的圆曲线最小半径。设检修道时圆曲线最小半径的计算值是地面道路设超高时的圆曲线最小半径一般值的 1.82 ~ 6.3 倍，设计速度越高，计算值大的倍数越多。

2.1.3　地下互通立交主线平曲线最小半径驾驶模拟实验

最小平曲线设计半径作为道路线形设计平面指标中最为重要的因素，不仅直接决定了地下道路的工程造价，而且决定着道路线形设计的安全。我国既有的地下道路目前多数采用城市道路工程设计规范中的平曲线设计指标，但地下道路由于其密闭的特殊环境，驾驶员视线较地上道路明显减弱，因而其平曲线设计如直接照搬现有规范的指标，极有可能存在安全隐患。因此，有必要对地下道路特殊环境中的平曲线线形设计指标开展相关研究，为地下道路线形设计规范的制定提供理论依据。公路和城市道路设计规范中关于最小平曲线半径的规定分别见表 2.1-7 和表 2.1-8。

表 2.1-7　公路路线设计规范中关于最小平曲线半径的规定

设计速度/（km/h）		120	100	80	60	40	30	20
圆曲线最小半径/m	一般值	1 000	700	400	200	100	65	30
	极限值	650	400	250	125	60	30	15

注："一般值"为正常情况下的采用值；"极限值"为条件受限制时可采用的值。

表 2.1-8　城市道路工程设计规范中对于平曲线最小半径的规定

设计速度/（km/h）		100	80	60	50	40	30	20
不设超高最小半径/m		1 600	1 000	600	400	300	150	70
设超高最小半径/m	一般值	650	400	300	200	150	85	40
	极限值	400	250	150	100	70	40	20

注："一般值"为正常情况下的采用值；"极限值"为条件受限制时可采用的值。

本研究基于驾驶模拟实验技术，利用 RIOH·8DOF 驾驶模拟器开展一定数量驾驶员的模拟驾驶实验，搜集驾驶员在设计道路上的驾驶行为数据，对地下道路不同半径平曲线的驾驶行为进行对比研究，探讨地下道路不同半径平曲线的安全性，分析地下道路平曲线半径的极限设计指标。

具体的研究问题包括：

（1）地下道路 14 种不同半径平曲线各车道间驾驶行为是否存在显著差异？

（2）地下道路 14 种不同半径平曲线左右转驾驶行为是否存在显著差异？

（3）地下道路 14 种不同半径平曲线间驾驶行为差异，并尝试提出地下道路设计的极限最小半径。

2.1.3.1　实验方法

1）实验设计

根据实际工程经验、标准制定需求和实地调研资料，地下道路平曲线半径研究所考察的平曲线有 14 种，其半径分别为 200 m、250 m、300 m、350 m、400 m、500 m、600 m、700 m、800 m、850 m、900 m、1 000 m、1 100 m 和 1 200 m；由于已有研究发现地下道路不同车道及弯道左右转驾驶行为存在差异，因而同时考虑弯道方向和行驶车道两个变量；故研究采用 2×3×14 的组内实验设计。

研究因变量为行车速度及车道偏移。驾驶模拟器实时输出车辆速度单位为 m/s，为便于理解，数据处理时将其转换为 km/h；车道偏移是车辆中心（前轴中心点）至当前所行驶车道中心线的距离（图 2.1-4 中的 O），模拟器输出结果中向左偏移为负值，向右偏移为正值，由于实验结果中向左侧偏移较多，因而取其负数以便于制图。

考虑到不设交通流情况下，驾驶员的行车速度较为随意且不同驾驶员间的行车速度差异较大，因而研究中在驾驶员车辆前方设置了一辆行驶速度恒为 80 km/h 的车辆沿当前车道驾驶，驾驶员在实验中即使追上但也不得超过此车，从而控制驾驶员车速不得过快。

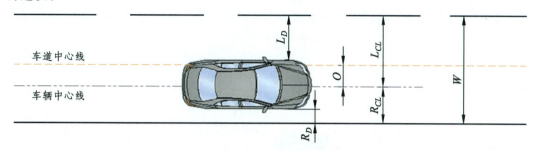

图 2.1-4　车道偏移计算方法示意图

由于实验研究关注的是不同半径平曲线间的差异，纵坡的存在会导致实验数据的极大误差，因此在平曲线半径研究中道路纵坡设计为 0。

2）被试者情况

作为组内实验设计，数据分析时是将驾驶员多次实验的数据进行内部比较，因此驾驶员个体差异对于实验结果的影响不大，研究采取随机抽样的方式选取驾驶员作为实验样本，抽样时考虑新手驾驶员和熟练驾驶员、青年和老年驾驶员、男女驾驶员等比重。

15 名驾驶员参与地下道路平曲线半径实验（表 2.1-9），其中男性 14 名，女性 1 名；年龄 26 ~ 58 岁，平均（34.1±8.55）岁；驾龄 1 ~ 27 年，平均（8.3±7.87）年。

表 2.1-9　地下道路平曲线半径实验被试信息

序号	性别	年龄	驾龄	序号	性别	年龄	驾龄
1	男	37	6	9	男	26	7
2	女	28	2	10	男	26	3
3	男	26	2	11	男	37	10
4	男	28	1	12	男	42	1
5	男	58	27	13	男	39	19
6	男	31	7	14	男	40	20
7	男	30	6	15	男	34	11
8	男	30	3				

3）仿真道路环境

研究所采用的道路通过 CAD 设计，并用 UC-WinRoad 4.0 开发版本搭建完成。实验道路平面线形如图 2.1-5 所示，全长 22.39 km。依据 CAD 设计文件，利用日本 Forum8 公司的 UC-Winroad4.0 开发版进行道路三维场景的搭建，除道路两端外全部位于地下。

仿真用地下道路环境统一采用如图 2.1-6 的设计效果，为避免交通流的干扰，场景中不加载任何交通流。道路路面材质采用一般高速公路沥青混凝土路面。研究采用的是交通运输部公路科学研究院所搭建的八自由度研究型交通安全驾驶模拟器（图 2.1-7），该系统由日本 Forum8 公司和韩国 INNOsimulator 公司共同集成搭建完成，包括运动平台、球体模拟舱、投影系统、音响系统、车辆仿真系统、场景生成系统、控制平台、供电系统、相关辅助系统和数据记录系统。

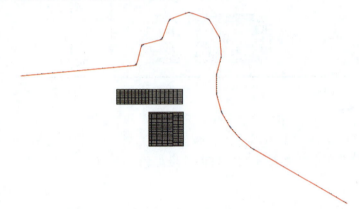

图 2.1-5　平曲线半径实验用道路平面线形

图 2.1-6　实验用隧道仿真环境　　图 2.1-7　RIOH·8DOF 研究型交通安全驾驶模拟器

4）实验过程

待实验用场景搭建完成并测试通过后，即开始被试的招募和实验的实施。

在被试者招募过程中，首先告知被试者所参加的实验将在驾驶模拟舱内完成，并让其充分了解模拟器实验可能带来的不适感，询问其是否愿意参与，待其同意后签署实验参与同意书。

正式实验开始前，还需要对被试者进行模拟器训练，通过加载一条非试验道路来让被试者熟悉模拟器的操作和感受。

待被试者熟练掌握模拟器的操作后，开始正式实验。每名驾驶员将随机进行道路往返和 3 个车道的 6 次实验任务，每个实验完成时间约 20 min，每开展 40 min 实验，被试者休息 10 min。

5）数据记录与分析

RIOH·8DOF 驾驶模拟器的 Log PC 将记录输出每名被试每次试验的驾驶行为数据，通过 Excel、R 语言对数据进行加工处理，生成实验用二次数据，并利用 SPSS19.0 统计分析软件进行分析，借助 Excel 等软件完成图表的制作。

2.1.3.2 数据分析思路及方法

地下道路平曲线半径实验用道路包含了 14 种不同半径的平曲线，每条平曲线间以直线段连接。研究以每条平曲线起点前 100 m 处为实验路段起点，平曲线终点后 100 m 处为实验路段的终点，共截取实验路段 13 段。

由于驾驶员在经过每个实验路段时的速度和车道偏移等驾驶行为数据都是连续的，参考已有研究常用分析方法，具体数据分析时，在每个实验路段上选取 13 个特征点作为研究观测点（1 000 m 半径平曲线、1 100 m 半径平曲线和 1 200 m 半径平曲线由于没有缓和曲线，仅选择 9 个观测点）。这 13 个观测点的具体选取原则见表 2.1-10 所示，其示意图如图 2.1-8。

在进行平曲线方向差异分析和不同车道差异分析时，针对每个观测点分别进行统计对比，继而分析左右转弯平曲线的差异、不同车道驾驶行为的差异；不同半径平曲线的比较通过针对每一平曲线相邻观测点间的差异分析，探讨每种平曲线的速度和车道偏移一致性，继而评估不同半径平曲线间的差异。数据分析思路如图 2.1-9 所示。

表 2.1-10 平曲线半径研究所选观测点特征说明

编号	代码	特征说明
1	Q1	（行车方向）平曲线前方直线 100 m 处
2	Q2	（行车方向）平曲线前方直线 50 m 处
3	Q3	（行车方向）平曲线前方直线 20 m 处
4	ZH	平曲线起点（直缓点）
5	H1Z	平曲线第一缓和曲线中点
6	HY	平曲线圆曲线起点（第一缓和曲线终点、缓圆点）
7	YZ	平曲线圆曲线中点
8	YH	平曲线圆曲线终点（第二缓和曲线起点、圆缓点）
9	H2Z	平曲线第二缓和曲线中点
10	HZ	平曲线终点（缓直点）
11	H1	（行车方向）平曲线后方直线 20 m 处
12	H2	（行车方向）平曲线后方直线 50 m 处
13	H3	（行车方向）平曲线后方直线 100 m 处

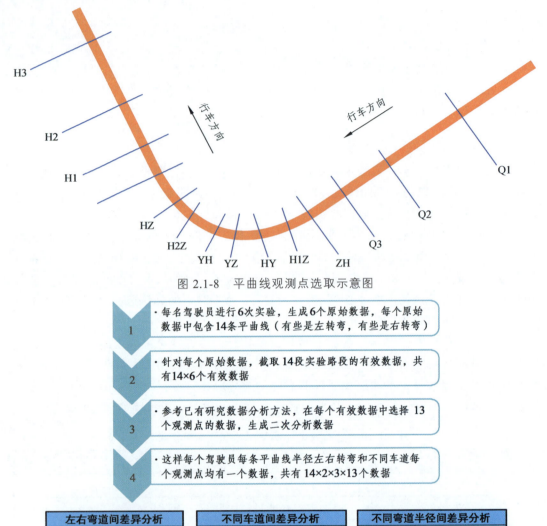

图 2.1-8　平曲线观测点选取示意图

1　· 每名驾驶员进行6次实验，生成6个原始数据，每个原始数据中包含14条平曲线（有些是左转弯，有些是右转弯）

2　· 针对每个原始数据，截取14段实验路段的有效数据，共有14×6个有效数据

3　· 参考已有研究数据分析方法，在每个有效数据中选择13个观测点的数据，生成二次分析数据

4　· 这样每个驾驶员每条平曲线半径左右转弯和不同车道每个观测点均有一个数据，共有14×2×3×13个数据

左右弯道间差异分析
· 分不同弯道半径和不同车道，分别采用配对样本T检验分析左右转弯相同观测点的差异。

不同车道间差异分析
· 分不同弯道和左右转，采用重复测量方差分析，分析同一弯道同一观测点处不同车道间的差异。

不同弯道半径间差异分析
· 由于13个观测点的选取原则相同，首先进行各弯道13个观测点间的差异分析；
· 然后分析同一弯道13个观测点尤其是相邻观测点间的差异，以评价路线的安全性。

图 2.1-9　数据分析思路

2.1.3.3　研究结论

本研究通过对地下道路14种不同半径左右转弯平曲线不同车道驾驶行为的探讨研究发现：

（1）无论是左转弯平曲线还是右转弯平曲线，无论是小半径平曲线还是大半径平曲线，驾驶员在进入地下道路平曲线后速度均呈下降趋势，并在平曲线中点或略靠后

的位置降至最低值，之后平稳提升；但这种速度的变化并不显著。

（2）驾驶员在地下道路驾车通过平曲线时习惯于靠近当前行车道左侧行驶，且越靠近道路左侧这种偏移越小，进入平曲线后开始向平曲线的内侧偏移，从而造成了左转弯平曲线各车道在进入弯道后车道偏移呈增大趋势，而右转弯平曲线则呈减小趋势。

（3）驾驶员在地下道路驾车通过不同半径平曲线时，无论是左转弯平曲线还是右转弯平曲线，各车道速度的差异均不显著，即驾驶员在经过地下道路平曲线同一横断面时的速度不存在位置差异。

（4）同一半径左右转弯平曲线驾驶员的速度差异不显著。

（5）地下道路左右转弯平曲线车道偏移的差异与直线上车道偏移的差异不同，对于左转弯平曲线而言，其内侧车道前后直线段上个别观测点的车道偏移小于右转弯，而平曲线上各车道的车道偏移多数大于右转弯。这一趋势与经验相符，驾驶员在进入弯道前会操作车辆向弯道外侧偏离以获取更广的视野范围。

（6）同一半径左右转弯平曲线车道偏移存在差异的路段从内侧车道向外侧车道呈逐渐延长的趋势，内侧车道左右转弯平曲线车道偏移存在差异的路段较短，外侧车道较长。

（7）不同半径左右转弯平曲线相邻观测点间速度差异均不显著，说明无论是小半径还是大半径平曲线，驾驶员在经过平曲线时速度都不会发生剧烈的变化，能够平稳地减速通过平曲线，并在通过平曲线后稳步提速。

（8）由于驾驶员在地下道路驾车行驶时习惯于靠近当前行车道左侧行驶，小半径平曲线的存在导致驾驶员更加靠近平曲线内侧，从而表现出左转弯平曲线车道偏移显著增大，右转弯平曲线车道偏移显著减小的特点。

（9）当行驶速度为 80 km/h 时，地下道路 600 m 及以下半径平曲线，驾驶员在进入或离开平曲线时车道偏移的变化往往是比较显著的，从而体现出地下道路 600 m 及以下半径平曲线可能存在安全问题，说明设计速度为 80 km/h 的单向三车道地下道路最小平曲线半径应尽量控制在 600 m 以上。

（10）工程中最小平曲线半径的选用涉及工程规模、造价、安全等多个方面，本研究基于驾驶模拟器实验驾驶行为参数的比对研究，得到了不同半径不同转向平曲线不同车道驾驶行为的差异，并确定了设计速度为 80 km/h 的单向三车道地下道路最小平曲线半径应控制在 600 m 以上的结论。这一结论与既有规范的规定值基本一致。但由于实验规模的限制，本研究只针对设计速度为 80 km/h 的单向三车道地下道路开展实验，对于其他设计速度地下道路的研究没有开展，单向两车道、四车道等其他横断面设计的地下道路最小平曲线半径的选择是否也是 600 m 也有待进一步验证。同时，驾驶模拟实验作为一种有效的比对研究方法，其相对有效性已得到广泛认可，本研究的结论也是无可置疑的，但其绝对有效性存在争议。本研究中的各项驾驶行为实验数据与实际道路驾驶行为操作可能存在一定的差异，有待实体工程的验证。

或夜间照明充足的情况下，凹曲线的视距并不是影响交通安全的关键因素。但在夜晚没有照明的道路上，凹曲线必须考虑视距问题。城市地下道路中凸形和凹形竖曲线均需验算竖向视距，只要提供足够的停车视距，竖曲线的几何特性并不影响道路交通事故率。

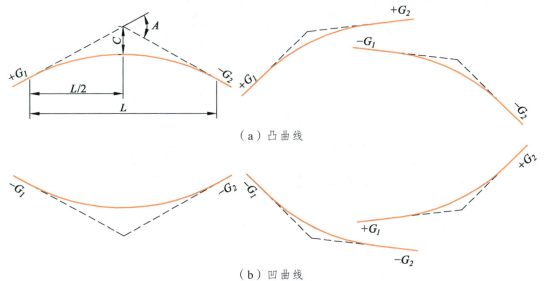

（a）凸曲线

（b）凹曲线

G_1、G_2—坡度（%）；A—坡度代数差（%）；L—竖曲线长度（m）；C—外距（m）。

图 2.2-4　竖曲线类型示意图

2.2.2　规范的规定

2.2.2.1　凸形竖曲线

凸形竖曲线最小半径极限值为同时满足缓和冲击和保证视距所需的计算值，采用的计算公式与城市道路虽然不同，但基本也为视距所需长度控制，见表 2.2-1。

表 2.2-1　凸形竖曲线最小半径极限值的计算

设计速度 v/（km/h）	停车视距 D/m	缓冲冲击所需曲线长度/m $L_{v1}=v^2\Delta/360$	视距所需曲线长度/m $L_{v2}=D^2\Delta/400$	采用值 L_t/m	极限最小半径/m $R=100L_t/\Delta$
120	210	40.0Δ	111.0Δ	110Δ	11 000
100	160	27.8Δ	64.5Δ	65Δ	6 500
80	110	17.8Δ	30.2Δ	30Δ	3 000
60	75	10.0Δ	14.1Δ	14Δ	1 400
40	40	4.4Δ	4.1Δ	4.5Δ	450
30	30	2.5Δ	2.3Δ	2.5Δ	250
20	20	1.1Δ	1.0Δ	1.0Δ	100

注：Δ—坡度差（%）；L_t—采用的竖曲线长度（m）。

2.2.2.2　凹形竖曲线

凹形竖曲线最小半径极限值考虑了缓和冲击、汽车前灯光束距离和跨线桥下保证视距所需的最小半径的计算值，见表 2.2-2。

表 2.2-2　凹形竖曲线最小半径极限值的计算

设计速度 $v/$（km/h）	停车视距 $D/$m	缓和冲击所需曲线长度/m $L_{v1}=v^2\varDelta/360$	前灯光束距离所需曲线长度/m $L_{v2}=D^2\varDelta/（150+5.24D）$	桥下视距所需曲线长度/m $L_{v3}=D^2\varDelta/2692$	采用值 $L_t/$m	极限最小半径/m $R=100L_t/\varDelta$
120	210	40.0$\varDelta$	35.3$\varDelta$	16.4$\varDelta$	40$\varDelta$	4 000
100	160	27.8$\varDelta$	25.9$\varDelta$	9.5$\varDelta$	30$\varDelta$	3 000
80	110	17.8$\varDelta$	16.7$\varDelta$	4.4$\varDelta$	20$\varDelta$	2 000
60	75	10.0$\varDelta$	10.4$\varDelta$	2.1$\varDelta$	10$\varDelta$	1 000
40	40	4.4$\varDelta$	4.4$\varDelta$	0.6$\varDelta$	4.5$\varDelta$	450
30	30	2.5$\varDelta$	2.9$\varDelta$	0.3$\varDelta$	2.5$\varDelta$	250
20	20	1.1$\varDelta$	1.6$\varDelta$	0.2$\varDelta$	1.0$\varDelta$	100

2.2.3　几何设计手册的规定

美国道路几何设计手册中竖曲线设置的控制指标与我国类似，凸形竖曲线上安全行驶的主要控制指标是对应设计车速下有足够的视距，凹形竖曲线为满足驾驶员舒适性，坡率的变化控制在可容忍的限度内，采用与曲率相关的参数 $K=L/A$ 确定各种速度下竖曲线的最小长度，即 $R=100K$。

2.2.3.1　凸形竖曲线

基于视距的凸形竖曲线最小长度标准一般能够满足安全、舒适和外观的要求，依据坡度差和视距进行计算。

（1）视距小于竖曲线长度，即 $S<L$ 时，计算公式如下：

$$L = \frac{AS^2}{100(\sqrt{2h_1}+\sqrt{2h_2})^2} \tag{2.2-1}$$

式中　L——竖曲线长度（m）；

A——坡度代数差（%）；

S——视距（m）；

h_1——目视高（m）；

h_2——物体高（m）。

（2）视距大于竖曲线长度，即 $S>L$ 时，计算公式如下：

$$L = 2S - \frac{200(\sqrt{h_1}+\sqrt{h_2})^2}{A} \tag{2.2-2}$$

公式中参数意义同上。

当目视高和物高分别取 1.08 m 和 0.6 m 时，具体计算结果见表 2.2-3。

表 2.2-3　停车视距和凸形竖曲线设计控制值

设计速度/（km/h）	停车视距/m	K 值		最小竖曲线半径 /m
		计算值	采用值	
20	20	0.6	1	100
30	35	1.9	2	200
40	50	3.8	4	400
50	65	6.4	7	700
60	85	11	11	1 100
70	105	16.8	17	1 700
80	130	25.7	26	2 600
90	160	38.9	39	3 900
100	185	52	52	5 200
110	220	73.6	74	7 400
120	250	95	95	9 500
130	285	123.4	124	12 400

2.2.3.2　凹形竖曲线

凹形竖曲线的长度由车前灯照明长度、乘客舒适性、排水控制以及外观四个不同方面的标准共同决定。

1）车前灯照明长度

车前灯高度为 0.6 m，光束扩散角为 1°。根据竖曲线长度和视距（即光照距离）的关系，分两种情况，计算公式如下：

$S<L$ 时，

$$L = \frac{AS^2}{200(0.6 + S\tan 1°)} \tag{2.2-3}$$

$S>L$ 时，

$$L = 2S - \frac{200(0.6 + S\tan 1°)}{A} \tag{2.2-4}$$

式中　L ——凹曲线长度（m）；

　　　S ——光照距离（m）；

　　　A ——坡度代数差（%）。

从道路总体安全上考虑，应使光照距离接近停车视距。公式中用停车视距作为 S

值（光照距离）。

2）乘客舒适性

当向心加速度不超过 0.3 m/s² 时认为乘车是舒适的。此时凹形竖曲线的长度计算公式如下：

$$L = \frac{AV^2}{395} \tag{2.2-5}$$

根据计算公式，满足舒适要求的竖曲线长度一般仅为满足光照距离要求的竖曲线长度的一半。

3）排水控制

凹曲线采用与凸曲线相同的标准，最小坡度约 0.3‰。

4）外观

根据凹形竖曲线的外观，$L_{\min}=30A$。

5）小结

美国道路几何设计手册认为车前灯视距是最合乎逻辑的标准，推荐用来确定凹曲线长度。由于采用的车前灯高和光束扩散角不同，我国规范不论是公路还是城市道路控制凹曲线长度的均为满足舒适度要求的缓和冲击的指标，所以美国道路几何设计手册的规定值比我国规范最小竖曲线半径要大。其计算结果见表 2.2-4。

表 2.2-4　凹形竖曲线设计控制值

设计速度/（km/h）	停车视距/m	K 值		最小竖曲线半径/m
		计算值	采用值	
20	20	2.1	3	300
30	35	5.1	6	600
40	50	8.5	9	900
50	65	12.2	13	1 300
60	85	17.3	18	1 800
70	105	22.6	23	2 300
80	130	29.4	30	3 000
90	160	37.6	38	3 800
100	185	44.6	45	4 500
110	220	54.4	55	5 500
120	250	62.8	63	6 300
130	285	72.7	73	7 300

2.2.3.3　凹形竖曲线下穿道路的视距

道路下穿构筑物设置凹形竖曲线时，可能被上跨道路的构筑物遮挡视线，引起视距不足，如图 2.2-5。根据视距与竖曲线长度的关系分为两种情况计算。

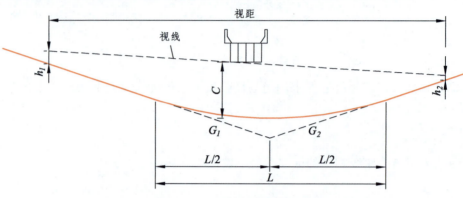

图 2.2-5　下穿道路视距示意图

（1）视距大于竖曲线长度，即 $S>L$ 时，采用如下公式计算：

$$L = 2S - \frac{800\left(C - \dfrac{h_1 + h_2}{2}\right)}{A} \qquad （2.2-6）$$

（2）视距小于竖曲线长度，即 $S<L$ 时，采用如下公式计算：

$$L = \frac{AS^2}{800\left(C - \dfrac{h_1 + h_2}{2}\right)} \qquad （2.2-7）$$

式中　L——竖曲线长度（m）；

　　　S——视距（m）；

　　　A——坡度代数差（%）；

　　　C——净空高度（m）；

　　　h_1——目视高（m），取卡车司机眼高 2.4 m；

　　　h_2——物体高（m），取车尾灯高度 0.6 m。

根据 $S<L$ 时的计算公式，C 值分别取 4.5 m、3.5 m、2.5 m 时计算结果见表 2.2-5。只有当车速超过 100 km/h，净空采用 2.5 m 时，才不满足视距的要求，需要核算下穿道路的视距。

表 2.2-5　下穿道路凹形竖曲线设计控制值计算

设计速度/ （km/h）	停车视距/m	K 值 （采用值）	K 值（下穿道路）		
			C=4.5 m	C=3.5 m	C=2.5 m
20	20	3	0.17	0.25	0.50
30	35	6	0.51	0.77	1.53

续表

设计速度/ （km/h）	停车视距/m	K值 （采用值）	K值（下穿道路）		
			C=4.5 m	C=3.5 m	C=2.5 m
40	50	9	1.04	1.56	3.13
50	65	13	1.76	2.64	5.28
60	85	18	3.01	4.52	9.03
70	105	23	4.59	6.89	13.78
80	130	30	7.04	10.56	21.13
90	160	38	10.67	16.00	32.00
100	185	45	14.26	21.39	42.78
110	220	55	20.17	30.25	60.50
120	250	63	26.04	39.06	78.13
130	285	73	33.84	50.77	101.53

2.2.4　地下互通立交纵断面线形要求

对于隧道内出入口段的主线纵断面线形，公路和城市道路相关规范均无明确规定。公路路线规范对互通立交区主线纵断面线形的规定提高较多，城市道路设计规范对立交区纵断面线形的规定与路段一致。

城市地下道路设计规范规定洞口处的停车视距宜采用主线路段的1.5倍，条件受限时，应做好洞口光过渡段处理。对设计满足1.5倍停车视距时竖向设计进行验证，计算满足视距规定的竖曲线设计指标。

1）凸形竖曲线

（1）按照前述城市道路设计规范公式，计算满足洞口段满足1.5倍停车视距的竖曲线最小半径。采用小客车的视线高1.2 m，障碍物高0.10 m，计算结果见表2.2-6，为路段竖曲线最小半径一般值的1.25～1.67倍，其规定相对是合理的。

表2.2-6　满足1.5倍停车视距的凸形竖曲线最小半径

设计速度/（km/h）	100	80	60	50	40	30	20
1.5倍停车视距/m	240	165	105	90	60	45	30
计算最小凸曲线半径/m	14 452	6 831	2 766	2 032	903	508	226
计算采用值/m	15 000	7 000	3 000	2 000	900	500	250
计算采用值与规范 一般值的关系	1.45	1.56	1.67	1.48	1.50	1.25	1.67

（2）按照前述公路规范中凸形竖曲线的计算方法，计算洞口段满足1.5倍停车视距

的最小竖曲线半径，见表 2.2-7，与表 2.2-6 基本一致。

表 2.2-7　满足 1.5 倍停车视距的凸形竖曲线最小半径

设计速度 v/ （km/h）	停车视距 D/m	1.5 倍停车视距 D_1/m	视距所需曲线长度/m $L_{v2}=D_1^2\Delta/400$	采用值 L_t/m	极限最小半径/m $R=100L_t/\Delta$
100	160	240	144Δ	145Δ	14 500
80	110	165	68.06Δ	70Δ	7 000
60	70	105	27.56Δ	30Δ	3 000
50	60	90	20.25Δ	20.5Δ	2 050
40	40	60	9Δ	9Δ	900
30	30	45	5.06Δ	5Δ	500
20	20	30	2.25Δ	2.5Δ	250

2）凹形竖曲线

城市道路中凹形竖曲线最小半径是考虑行驶舒适性确定的。采用最大允许离心加速度（a_0 取 0.28 m/s²）控制，计算公式与停车视距无关。

公路设计规范中的凹形竖曲线最小半径虽然考虑了缓和冲击、汽车前灯光束距离和保证视距所需的最小半径，但控制取值也为缓和冲击的最小半径，即使将需要保证的视距采用停车视距的 1.5 倍，仍然小于缓和冲击需要的最小半径。

根据美国道路几何设计手册中关于下穿道路的视距计算方法，当视距小于竖曲线长度，即 $S<L$ 时，需核算规范规定的凹形竖曲线最小半径是否能满足视距要求。

计算中视高取 1.9 m，物高取 0.1 m，C 值为地下道路的净空高度。根据计算结果，在采用 2.5 m 的净空高度，设计速度为 100 km/h 时，规范规定的凹形竖曲线半径的一般值和极限值均不能满足 1.5 倍的停车视距；设计速度为 80 km/h 时，规范规定的凹形竖曲线半径的一般值能满足 1.5 倍的停车视距，极限值不能满足 1.5 倍的停车视距；其他情况规范规定的最小凹形竖曲线半径极限值均也够满足停车视距要求。见表 2.2-8。

表 2.2-8　地下道路凹形竖曲线设计控制值计算

设计速度/ （km/h）	1.5 倍停车 视距/m	规范凹形竖曲线半径/m		凹形竖曲线半径计算值/m		
		一般值	极限值	$C=4.5$	$C=3.5$	$C=2.5$
100	240	4 500	3 000	2 057	2 880	4 800
80	165	2 700	1 800	972	1 361	2 269
60	105	1 500	1 000	394	551	919
50	90	1 050	700	289	405	675
40	60	700	450	129	180	300
30	45	400	350	72	101	169
20	30	150	100	32		

2.3　地下互通立交主线线形组合研究

2.3.1　平纵线形对地下互通立交交通安全的影响

根据相关研究，陡坡与平曲线重合时，道路行车的安全性大大降低，见图 2.3-1。可以看出，随着坡度的增大和平曲线半径的减小，交通事故率将逐渐增大。

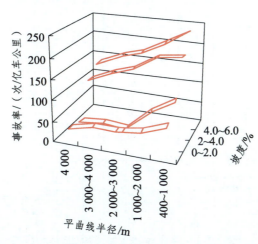

图 2.3-1　平曲线与纵坡组合路段的交通事故率

综合分析，可得出如下结论：

（1）当平曲线半径大于 2 000 m、纵坡小于 2%时，事故率最低，此时行车最安全。

（2）当平曲线半径小于 2 000 m、纵坡小于 2%时，事故率随平曲线半径的减小而缓慢增加。

（3）当平曲线半径大于 2 000 m、纵坡界于 2%～4%时，事故率随平曲线半径的减小而仍然很低。

（4）当平曲线半径小于 2 000 m、纵坡界于 2%～4%时，事故率迅速增加。

（5）当纵坡大于 4%时，即使平曲线半径大于 2 000 m，事故率也很高，并且高于平曲线半径最小时的事故率。这说明纵坡对行车安全的影响程度远远大于平曲线半径。

（6）当纵坡大于 6%时，无论平曲线半径是多大，事故率都很高，且一直随纵坡增加呈直线上升趋势。这说明在道路设计中应尽量避免陡坡的出现，尤其是陡坡与急弯组合的情况。

2.3.2　规范规定的平纵组合形式

根据平曲线的组成元素，设计中常用的平纵组合分为两类，即：① 平曲线为圆曲线；② 平曲线为圆曲线加两条缓和曲线。第一类为圆曲线半径大于不设缓和曲线时，线形条件一般较好，对交通安全影响不大。本书采用相似度分析和驾驶模拟器实验，对第二类情况下的不同平纵组合形式在地面道路和地下道路中的差异性进行了研究，并提出了适应于地下道路的平纵组合形式。

公路路线设计规范对平纵线形组合设计均提出宜相互对应的原则，且要求平曲线长度宜大于竖曲线长度，即"平包纵"，见图2.3-2。

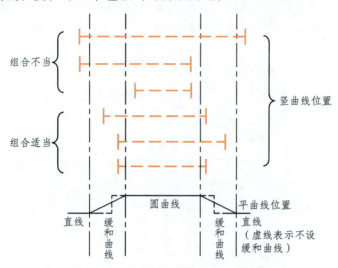

图 2.3-2　平曲线和竖曲线的位置组合

图示中提出的6种平纵组合包括组合不当和组合适当各3种形式。组合不当的有：

① 竖包平，即竖曲线比平曲线长。

② 竖曲线跨直线、缓和曲线和圆曲线。

③ 竖曲线在圆曲线内，理解为小的竖曲线半径和小的圆曲线半径的组合。

组合适当的有：

① 前两种基本一致，竖曲线位于平曲线内，跨缓和曲线、圆曲线和缓和曲线。

② 竖曲线位于平曲线或圆曲线的正中位置，且是大的圆曲线半径与大的竖曲线半径的组合。

2.3.3　研究设计的平纵组合形式

根据平纵组合中平曲线和竖曲线起终点位置的不同，即竖曲线起终点位置与平曲线中4个特征点（直缓点 ZH、缓圆点 HY、圆缓点 YH、缓直点 HZ）的位置的排列组合，不考虑平曲线的左右转和竖曲线的凹凸形，共有13组不同组合形式。见图2.3-3，图中蓝线为平曲线，红线为竖曲线。

将13种组合考虑往返类似进行分组，确定为以下组合类型，其中组合7为地面道路推荐的平纵线形组合类型。具体分组为：

① 1和13类似，竖曲线与平曲线交叉，跨越直线和缓和曲线。

② 2和11类似，竖曲线与平曲线交叉，跨越直线、缓和曲线和圆曲线。

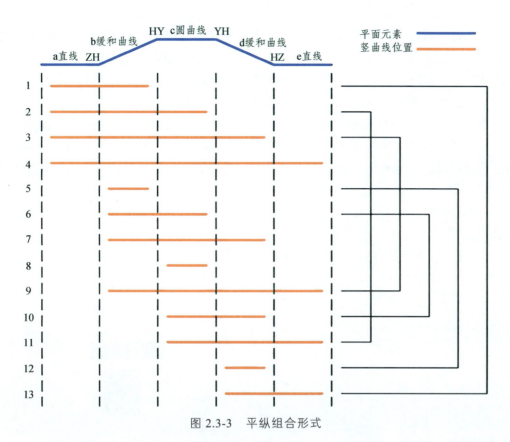

图 2.3-3 平纵组合形式

③ 3 和 9 类似，竖曲线与平曲线交叉，跨越直线、缓和曲线、圆曲线和缓和曲线。

④ 4 为纵包平的情况，设计中不会采用。

⑤ 5 和 12 类似，平包纵，竖曲线位于缓和曲线内，此种情况竖曲线长度会偏短，设计采用不多。

⑥ 6 和 10 类似，平包纵，竖曲线位于缓和曲线和圆曲线内。

⑦ 7 平包纵，竖曲线位于平曲线的中间，跨越缓和曲线、圆曲线和缓和曲线，属于较好的组合。

⑧ 8 平包纵，竖曲线位于圆曲线内。

各类似组合中选取 1 种组合，即选取 1、3、5、6、7、8、11，去除设计中一般不会采用的组合 4，并选取组合 13 作为组合 1 的对比，总共 8 种平纵组合。考虑凹凸竖曲线的影响，按 16 种组合进行线形设计，线路总长度 25.25 km，作为相似度分析和驾驶模拟器实验的模拟场景，设计速度 60 km/h。

2.3.4 平纵组合驾驶行为差异性实验研究

本研究从实际工程中存在的线形组合方案中选取 8 种常用的线形组合方案，基于驾驶模拟实验技术，利用 RIOH·8DOF 驾驶模拟器开展一定数量驾驶员的模拟驾驶实验，搜集驾驶员在不同组合方案实验路段上的驾驶行为数据，对地上地下道路不同线形平纵组合的驾驶行为进行对比研究，探讨不同线形组合方案地上地下道路驾驶行为的差异以及不同线形组合方案在地下道路设计中的适用性。具体的研究问题包括：

（1）16种线形组合实验路段地上和地下道路的驾驶行为是否存在差异？

（2）16种线形组合实验路段地上、地下道路不同车道驾驶行为是否存在差异？

（3）同种组合方案，两实验路段间的驾驶行为差异。进而比较同种组合方案平曲线线形一致时，上坡和下坡是否存在差异，以及竖曲线线形一致时，左右转是否存在差异？

（4）各种线形组合方案间驾驶行为的差异，并尝试分析地下道路各种线形组合的优劣。

平纵组合实验用道路平面和纵断面线形如图2.3-4和图2.3-5所示。

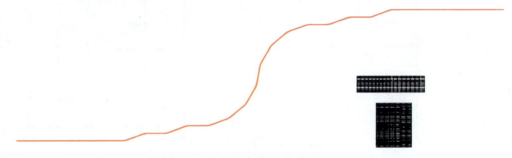

图 2.3-4　平纵组合实验用道路平面线形

图 2.3-5　平纵组合实验用道路纵断面线形

2.3.4.1　数据记录与分析

RIOH·8DOF驾驶模拟器的Log PC将记录输出每名被试者每次试验的驾驶行为数据，通过Excel、R语言对数据进行加工处理，生成实验用二次数据，后期利用Excel、SPSS19.0等统计分析软件进行分析和制图。

具体数据的处理分析方法是：每名驾驶员参与4次实验，将获得4个实验数据，如图2.3-6是驾驶员一次实验的速度变化数据示意图。首先根据实验路段截取有效数据，将得到17个实验路段的数据，4次实验共得到68个实验路段数据；其次根据观测点的选择，每个实验路段数据中将选取4个观测点数据，这些数据是分析用的基础实验数据。

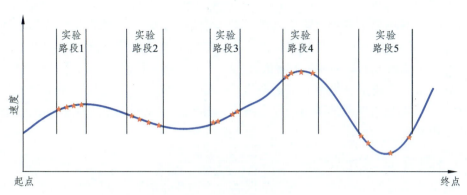

图 2.3-6　数据截取处理示意图

2.3.4.2　研究结果

1）地上地下道路的差异

通过各实验路段左右车道地上地下道路速度和车道偏移描述统计及方差分析，结果如下：

（1）驾驶员在地下道路上的行车速度与地上道路差异不大；多数实验路段行车速度的变化情况与地上道路基本一致，但实验路段 9 右侧车道、实验路段 5 左侧车道、实验路段 13 右侧车道、实验路段 8 左右侧车道以及实验路段 16 右侧车道地上地下道路的速度变化规律并不一致。

（2）驾驶员在地下道路与地上道路上车道偏移的变化基本一致（除实验路段 0 右侧车道和实验路段 6 左侧车道），但地上地下道路各观测点间差异较大，左侧车道部分路段车道偏移小于地上道路，右侧车道部分路段车道偏移大于地上道路。

2）车道间的差异

通过各试验路段地上地下道路各观测点左右侧车道速度和车道偏移的描述统计及 T 检验分析，总体结论为：

（1）尽管各实验路段地上和地下道路个别观测点左右侧车道速度差异显著，但整体上各实验路段无论是地上道路还是地下道路，左右侧车道速度差异均较小。

（2）各实验路段地上和地下道路左右侧车道车道偏移的差异一般较大，且均是左侧车道车道偏移小于右侧车道，这主要是由于驾驶员驾车时习惯于靠近当前行车道左侧行驶，且当存在多条行车道时习惯于靠近道路中心行驶有关。同时地下道路左右侧车道车道偏移的差异较地上道路更明显，说明驾驶员在地下道路驾车时较地上道路更倾向于靠近道路中心行驶。

3）相同组合类型两实验路段的差异

通过对所涉及的 8 种平纵线形组合两条实验路段的驾驶行为数据描述进行统计和方差分析，总体结论为：

（1）平曲线线形更多地是影响驾驶员的车道偏移，同一种线形组合方案，如果两实验路段平曲线方向不同，则驾驶员在平曲线路段的车道偏移差异增大。

（2）竖曲线线形影响驾驶员的行车速度，上坡下坡路段驾驶员速度一般比较平稳，但在上坡结束后驾驶员速度会有显著的提升，而下坡结束后速度则会平稳降低。同一种线形组合方案，如果两试验路段竖曲线方向相反，则驾驶员在变坡点前或后速度差异开始逐步增大。

4）不同组合类型间的比较

通过不同组合类型实验路段驾驶员驾驶行为的变化情况分析，得到以下研究结论：

（1）试验路段 0（长直线，先下坡后平坡）除地上道路外侧车道坡路段上的 B 点（变坡点前 900 m）与 C 点（变坡点前 600 m）发生了较大的变化外，地上道路内侧车道、地下道路内外侧车道相邻观测点间速度和车道偏移变化均不大。

这说明纵坡在地下道路对驾驶员的影响小于地上道路，相对于地上道路，纵坡的存在所导致的驾驶员下坡速度增大，地下道路在一定范围内或许不用担心此问题。

（2）组合类型 1（平曲线位于上下坡上，且平曲线起点与变坡点重合）所包含的实验路段 1（上坡左转）和实验路段 9（下坡右转）：实验路段 1 地上道路外侧车道平曲线第二缓和曲线中点至第二缓和曲线终点车道偏移变化较大；地上道路内侧车道以及地下道路内外侧车道相邻观测点间速度和车道偏移差异均不显著；实验路段 9 地上道路内侧车道和地下道路外侧车道平曲线第二缓和曲线中点至第二缓和曲线终点车道偏移变化较大，地上道路外侧车道和地下道路内侧车道相邻观测点间速度和车道偏移变化均不大。

这说明当地上道路采用组合类型 1 的设计方案时，如果是上坡左转应考虑采取一定的安全对策避免外侧车道车辆在平曲线第二缓和曲线中点到第二缓和曲线终点段车道偏移的剧烈变化而对中间车道车辆的影响；如果是下坡右转则应考虑采取相关安全措施以避免内侧车道车辆车道偏移的剧烈变化对其他车道车辆的影响。

当地下道路采用组合类型 1 的设计方案时，如果是下坡右转则应考虑采取一定的安全对策避免外侧车道车辆在平曲线第二缓和曲线中点到第二缓和曲线终点段车道偏移的剧烈变化对中间车道车辆的影响。

（3）组合类型 3（平曲线第一缓和曲线止点与变坡点重合，平曲线第一缓和曲线位于上下坡上，圆曲线和第二缓和曲线位于平坡路段）所包含的实验路段 2（上坡右转）和实验路段 10（下坡右转）：实验路段 2 地上和地下道路内侧车道平曲线第一缓和曲线中点至平曲线第一缓和曲线止点/变坡点、平曲线第二缓和曲线中点至第二缓和曲线终点处车道偏移均发生了较大的变化，外侧车道平曲线第二缓和曲线中点至第二缓和曲线终点处车道偏移发生了较大的变化，其他相邻观测点间车道偏移，以及所有相邻观测点间速度均未发生较大的变化；实验路段 10 地上道路内侧车道平曲线第一缓和曲线中点至平曲线第一缓和曲线止点/变坡点、平曲线第二缓和曲线中点至第二缓和曲线终点处车道偏移均发生了较大的变化，其余相邻观测点间车道偏移以及所有相邻观测点间速度均未发生较大的变化，地上道路外侧车道、地下道路内外侧车道相邻观测点间速度和车道偏移均未发生较大的变化。

这说明当地上或地下道路采用组合类型 3 的设计方案时，如果是上坡右转则应考虑在平曲线第一缓和曲线中点至平曲线第一缓和曲线止点/变坡点、平曲线第二缓和曲线中点至第二缓和曲线终点处采取一定的措施避免内侧车道车辆车道偏移的剧烈变化对其他车道车辆的影响，并采取一定的措施防止平曲线第二缓和曲线中点至第二缓和曲线终点处外侧车道车辆车道偏移的剧烈变化对中间车道车辆的影响；如果是下坡右转，则在地上道路设计时，应考虑在平曲线第一缓和曲线中点至平曲线第一缓和曲线止点/变坡点、平曲线第二缓和曲线中点至第二缓和曲线终点处采取措施避免内侧车道车辆车道偏移的剧烈变化对中间车道车辆的影响。

（4）组合类型 5（平曲线起点位于平坡上，第一缓和曲线中点至平曲线结束位于上下坡上）所包含的实验路段 3（下坡左转）和实验路段 11（上坡右转）：两路段地上道路内外侧车道和地下道路外侧车道平曲线第二缓和曲线中点至第二缓和曲线终点处车道偏移变化较大，地下道路内侧车道相邻观测点间速度和车道偏移变化均不大。

这说明当采用组合类型 5 的线形设计方案时，无论是下坡左转还是上坡右转，地上道路应考虑采取一定的措施避免车辆在平曲线第二缓和曲线中点至第二缓和曲线终点处车道偏移的剧烈变化带来的安全问题；地下道路则应采取措施避免外侧车道车辆在平曲线第二缓和曲线中点至第二缓和曲线终点处车道偏移的剧烈变化对其他车道车辆的干扰。

（5）组合类型 6（平曲线第一缓和曲线位于上下坡上，圆曲线和第二缓和曲线位于平坡上）所包含的实验路段 4（下坡右转）和实验路段 12（上坡右转）：实验路段 4 地上道路内外侧车道平曲线第二缓和曲线中点至第二缓和曲线终点处车道偏移发生了较大的变化，地下道路内外侧车道相邻观测点间速度和车道偏移变化均不大；实验路段 12 地上地下道路内外侧车道平曲线第二缓和曲线中点至第二缓和曲线终点处车道偏移均发生了较大的变化，同时地上道路内侧车道平曲线第一缓和曲线中点至圆曲线起点/变坡点、平曲线第二缓和曲线起点至第二缓和曲线中点车道偏移也发生了较大的变化。

这说明当地上道路线形设计采用了组合类型 6 的设计方案，无论是下坡右转还是上坡右转，均应考虑采取安全措施避免车辆在平曲线第二缓和曲线中点至第二缓和曲线终点处车道偏移的较大变化带来的安全问题；且在上坡右转时，应同时考虑采取安全措施避免内侧车道车辆在平曲线第一缓和曲线中点至圆曲线起点/变坡点、平曲线第二缓和曲线起点至第二缓和曲线中点车道偏移的较大变化对其他车道车辆的影响。当地下道路线形设计采用组合类型 6 的设计方案，且为上坡右转时，也应考虑采取安全措施避免车辆在平曲线第二缓和曲线中点至第二缓和曲线终点处车道偏移的较大变化带来的安全问题。

（6）组合类型 7（圆曲线中点与变坡点重合，平曲线前半段位于平坡上，后半段位于上下坡上）所包含的实验路段 5（上坡左转）和实验路段 13（下坡左转）：实验路段 5 除地上道路外侧车道平曲线第一缓和曲线起点至竖曲线起点处车道偏移发生了较大的变化外，地上道路内侧车道、地下道路内外侧车道相邻观测点间的速度和车道偏移变化均不大；实验路段 13 地上地下道路内外侧车道相邻观测点间的速度和车道偏移变化均不大。

这说明如果在线形设计时采用了上坡左转的组合类型 7 的设计方案，则地上道路应考虑采取相关安全措施避免外侧车道车辆在平曲线第一缓和曲线起点至竖曲线起点处车道偏移的较大变化对其他车道车辆的干扰。

（7）组合类型 8（圆曲线中点与变坡点重合，平曲线前半段位于上下坡上，后半段位于平坡上）所包含的实验路段 6（上坡左转）和实验路段 14（下坡右转）：实验路段 6 地上道路内外侧车道平曲线第二缓和曲线中点至第二缓和曲线终点处车道偏移发生了较大的变化，地下道路内外侧车道相邻观测点间速度和车道偏移变化均不大；实验路段 14 地上道路内侧车道平曲线第二缓和曲线中点至第二缓和曲线终点处车道偏移发生了较大的变化，地上道路外侧车道、地下道路内外侧车道相邻观测点间速度和车道偏移变化均不大。

这说明如果在地上道路线形设计时采用了组合类型 8 的设计方案，当为上坡左转时，应考虑采取安全措施避免车辆在平曲线第二缓和曲线中点至第二缓和曲线终点处车辆偏移的较大变化带来的安全问题；当为下坡右转时，应考虑采取措施避免内侧车道车辆在曲线第二缓和曲线中点至第二缓和曲线终点处车道偏移的较大变化对其他车道车辆的干扰。

（8）组合类型 11（平曲线第二缓和曲线起点与变坡点重合，平曲线第二缓和曲线位于上下坡上，第一缓和曲线和圆曲线位于平坡上）所包含的实验路段 7（下坡左转）和实验路段 15（上坡左转）：两实验路段地上道路内侧车道、地下道路内外侧车道相邻观测点间速度和车道偏移差异均不大；实验路段 7 地上道路外侧车道平曲线圆曲线中点至平曲线第二缓和曲线起点/变坡点，平曲线第二缓和曲线中点至第二缓和曲线终点处车道偏移发生了较大的变化；实验路段 15 地上道路外侧车道平曲线第二缓和曲线中点至第二缓和曲线终点处车道偏移发生了较大的变化。

这说明当地上道路线形设计采用组合类型 11 的设计方案时，如果是下坡左转，则应考虑采取安全措施防止外侧车道车辆在平曲线圆曲线中点至平曲线第二缓和曲线起点/变坡点、平曲线第二缓和曲线中点至第二缓和曲线终点处车道偏移的较大变化对其他车道车辆的影响；如果是上坡左转，则应考虑采取安全措施避免外侧车道车辆在平曲线第二缓和曲线中点至第二缓和曲线终点处车道偏移的较大变化对其他车道车辆的影响。

（9）组合类型 13（平曲线第二缓和曲线止点与变坡点重合，平曲线位于上下坡上）所包含的实验路段 8（下坡左转）和实验路段 16（上坡右转）：实验路段 8 地上和地下道路外侧车道竖曲线起点至平曲线第二缓和曲线止点/变坡点处车道偏移发生了较大的变化，内侧车道相邻观测点间速度和车道偏移变化均不大；实验路段 16 地上和地下道路内外侧车道相邻观测点间速度和车道偏移差异均不大。

这说明当地上或地下道路采用组合类型 13 的设计方案时，如果是下坡左转应考虑采取一定的安全对策避免外侧车道车辆在竖曲线起点至平曲线第二缓和曲线止点/变坡点段车道偏移的剧烈变化对中间车道车辆的影响。

2.3.5　地下互通立交平纵线形组合设计要求

本研究在对 8 种平纵组合类型、16 条试验路段地上地下道路驾驶模拟实验研究的基础上，探讨了不同线形组合方案地上地下道路驾驶行为的差异，并尝试分析了各线形组合方案在地下道路中的适用性。研究发现：

（1）地上地下道路驾驶员的行车速度差异不大；车道偏移差异显著，由于地下道路存在侧墙，因而导致左侧车道（向左的）车道偏移小于地上道路，右侧车道（向左的）车道偏移大于地上道路；但驾驶员在地上和地下道路各实验路段的操作规律基本一致。

（2）无论是地上道路还是地下道路，左右侧车道驾驶员的行车速度差异均不大，车道偏移均为左侧车道小于右侧车道；同时由于地下道路存在侧墙，左右侧车道偏移差异小于地上道路。

（3）平曲线线形更多地是影响驾驶员的车道偏移，同一种线形组合方案，如果两实验路段平曲线方向不同，则驾驶员在平曲线路段的车道偏移差异增大。竖曲线线形影响驾驶员的行车速度，上坡下坡路段驾驶员速度一般比较平稳，但在上坡结束后驾驶员速度会有显著的提升，而下坡结束后速度则会平稳降低。同一种线形组合方案，如果两实验路段竖曲线方向相反，则驾驶员在变坡点前或后速度差异开始逐步增大。

（4）不良线形组合方案中的危险点多位于第二缓和曲线中点至其终点（HZ 点）处，个别组合方案第一缓和曲线中点至圆曲线起点（HY 点）也是驾驶行为发生突变的点。

（5）地下道路适用的线形组合方案类型要多于地上道路，其中最佳组合类型包括组合类型 7、组合类型 8 和组合类型 11；组合类型 1、组合类型 5 和组合类型 6 在使用时需考虑第二缓和曲线中点至 HZ 点的安全问题；组合类型 3 在使用时要同时考虑第一缓和曲线中点至 HY 点/变坡点的安全问题；组合类型 13 在使用时则要考虑竖曲线起点至变坡点/HZ 点的安全问题。

同时，尽管本研究的结论非常丰富，对于实际工程提供了很多有效的支撑和建议，但由于较长的实验路段设计会给驾驶员的模拟驾驶带来疲惫感，从而影响实验数据的有效性。本研究从实验时间考虑，依据设计人员建议，仅选取了 8 种线形组合方案，并针对每种线形组合方案选择设计了两条实验路段，尽管从研究结果得到了比较可靠的结论，但由于没有穷尽所有的线形组合方案和各种组合方案可能的平纵组合类型，因而对于各组合类型平纵线形差异的结论不够丰富。线形组合设计作为道路设计中的核心，有必要开展更多的研究以完善本研究的成果。同时，驾驶模拟仿真作为一种有效的交通安全研究方法，开展类似本研究中所探讨的对比分析研究是十分有效并被广泛认可的，但其绝对有效性也备受关注，因而本研究中所得到的各种工况情况下驾驶员的行车速度和车道偏移数值，必须有相关实体工程的验证，方能被直接使用。

2.4　出入口连接部设计指标研究

2.4.1　出入口形式及距离

出入口是供车辆驶出或进入主路的交通路口，一般通过立交匝道、高架路匝道、辅路匝道与主路连接。地下道路出入口指在地下段设置的匝道出入口（匝道与主线分合流段）。出入口是影响地下道路交通安全运行的关键部位，目前国内外对城市地下道路出入口影响交通安全方面的研究基本没有。公路隧道基本均为单点进出，中间不设置出入口，对于出入口对交通安全的影响研究也较少。公路对出入口交通事故的研究一般在立体交叉范围。其研究结论认为：

（1）驶出匝道的事故明显多于驶入匝道。原因大多为驶出匝道减速不充分，进入匝道时行驶速度仍然较高。说明匝道与主线的设计速度差对交通安全存在影响。

（2）左转驶出匝道事故多于右转驶出匝道。原因为左转匝道总体线形指标一般低于右转匝道。说明匝道线形对交通安全存在影响。

（3）事故率随着立体交叉进出口匝道间距的减少而增加，进出口匝道间距小于500 m事故率较高，间距大于1 000 m后事故率有所减少。

（4）现行《城市地下道路工程设计规范》中根据相邻出入口形式和主线设计速度，规定了地下道路出入口最小间距，其规定与现行《城市快速路设计规范》CJJ 129中一致。

目前对于地下道路出入口间距几乎没有任何研究，设计时参照快速路的规定应用于地下，但对其适用性应进行验证或研究。

2.4.2　变速车道

变速车道设计是地下道路出入口设计中的重点，合理的加减速车道的长度均对地下道路交通流的安全、顺畅运行有着重要作用。其主要设计内容包括变速车道的设置形式和变速车道的长度。

2.4.2.1　变速车道的形式

变速车道为在匝道出入口处，供车辆进出主线加、减速行驶的附加车道（包括渐变段）。车辆通过变速车道实现变速、分流、合流等复杂运行。变速车道根据其与主线的平面关系分为平行式和直接式两种。变速车道根据实现的交通运行状态分为减速车道和加速车道。加减速车道均可设置为平行式或直接式。考虑地下道路结构的复杂性，

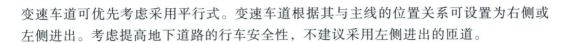

变速车道可优先考虑采用平行式。变速车道根据其与主线的位置关系可设置为右侧或左侧进出。考虑提高地下道路的行车安全性，不建议采用左侧进出的匝道。

2.4.2.2　变速车道长度

1）相关规范规定

现行《公路路线设计规范》JTG D20 和《城市道路交叉口设计规程》CJJ 152 中都规定了主线和匝道在不同设计速度下的变速车道长度、渐变率及渐变段长度。《城市道路交叉口设计规程》中规定的加减速车道长度规定均小于《公路路线设计规范》。

现行《城市地下道路设计规范》中对减速车道的长度规定与地面道路一致。对加速车道长度的规定，考虑首先应满足匝道车辆对主线车流的认识感知过程保证行车视距，在此基础上考虑到车辆的加速以及汇入过程。车辆对主线车流的认识感知过程即车道隔离段距离、加速过程、等待合流段长度以及变道过程，见图 2.4-1。对应主线和匝道的设计速度规定的加减速车道长度见表 2.4-1，加速车道长度比地面道路有所加长。

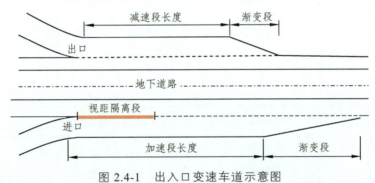

图 2.4-1　出入口变速车道示意图

表 2.4-1　城市地下道路单车道加减速车道长度

主线设计速度/（km/h）	80	60	50	40
减速车道长度/m	80	70	50	30
加速车道长度/m	220	140	100	70

2）相关研究成果

"城市地下道路出入口变速车道长度设计研究"认为加速车道的长度不仅包括加速段，而且还包括等待的合流段。减速车道长度计算中采取了 1.5 m/s^2 的减速度。因此，根据主线和匝道的设计速度提出了比地下道路规定还要长的变速车道长度，见图 2.4-2 和表 2.4-2、表 2.4-3。

3）驾驶行为实验研究

利用驾驶模拟器实验研究，分析不同的主线速度条件下变速车道上加减速行为的差异，探寻主线速度与出入口变速车道设置长度的关系，确定地下道路出入口加减速车道在不同设计速度下的适宜长度。

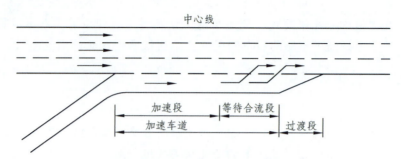

图 2.4-2　加速长度计算示意图

表 2.4-2　加速车道长度（单位：m）

匝道设计速度/ （km/h）	地下快速路 60 km/h	地下干道	
		50 km/h	40 km/h
45	170	—	—
40	190	—	—
35	210	—	—
30	220	—	—
25	230	160	160
20	240	170	170

表 2.4-3　减速车道长度（单位：m）

匝道设计速度/ （km/h）	地下快速路 60 km/h	地下干道	
		50 km/h	40 km/h
45	80	—	—
40	90	—	—
35	95	—	—
30	100	—	—
25	105	60	60
20	110	65	65

（1）对减速车道行为变化特征点及减速、换道区间的研究分析结论如下：

① 主线速度越高，驾驶人需要的减速区间越长。

② 随着设计速度的增加，驾驶人提前减速的概率越大。在 40 km/h 速度下，减速频率最高的位置在渐变段终点前 10 m；在 50 km/h 速度下，减速频率最高的位置在渐变段起点后 10 m；在 60 km/h 和 80 km/h 速度下，减速频率最高的位置都出现在渐变段起点前 10 m。

③ 主线速度越高，驾驶人需要的换道区间越长，4 种速度水平下驾驶人换道频率最高的区间基本相同，均集中分布在渐变段前后 20 m 的范围内。

④ 平均减速度随着主线速度增加而增加，见表2.4-4。

表2.4-4　各主线速度下被试者在减速车道上的90%位平均加速度

主线速度/（km/h）	40	50	60	80
90%位平均加速度/（m/s²）	−2.71	−3.20	−3.20	−3.52

⑤ 驾驶人在驶出主线时，并不按设计规定先换道再减速的驾驶行为行驶，而表现为减速和换道行为的先后顺序并无明显规律，大部分驾驶人的两种行为相互穿插进行，造成减速区间与换道区间在部分路段上相互重合，甚至相互包含。平均换道区间均大于平均减速区间。

⑥ 合理的减速车道设计长度（含渐变段）至少应该满足减速区间与换道区间的最大值所需的距离。具体推荐长度见表2.4-5，对应的出口匝道速度为20 km/h。

表2.4-5　减速车道推荐长度

主线速度/（km/h）	40	50	60	80
平均减速区间/m	31.23	66.93	96.93	139.93
平均换道区间/m	102.30	108.30	139.23	146.03
减速车道长度全长/m	105	110	140	150

⑦ 平均换道区间远大于规范规定的渐变段长度。

⑧ 平均减速区间均大于规范规定的减速车道长度，主线速度越低，越接近城市道路的规范值，但更接近"城市地下道路出入口变速车道长度设计研究"中的成果。

（2）对加速车道行为变化特征点及加速、换道区间的研究分析结论如下：

① 主线速度越高，驾驶人需要的加速区间越长。

② 主线速度越高，驾驶人开始换道的时间越晚，驾驶人需要的换道区间越长。

③ 随主线的速度增加，平均加速度也略有增加，见表2.4-6。

表2.4-6　各主线速度下被试者在加速车道上的90%位平均加速度

主线速度/（km/h）	40	50	60	80
90%位平均加速度/（m/s²）	1.03	0.97	1.20	1.20

④ 驾驶人在加速车道上加速的动作顺序为：开始加速—开始换道—结束加速—通过车道分界线—结束换道。加速车道上的驾驶行为更接近于平行式。

⑤ 入口加速车道的长度应该满足自驾驶人开始加速至其通过车道分界线的距离。具体推荐长度见表2.4-7，对应的出口匝道速度为20 km/h。

表2.4-7　各主线速度对应的加速车道推荐长度

主线速度/（km/h）	40	50	60	80
加速车道长度全长/m	170	192	255	450

⑥ 由于实验中设定的匝道速度只有 20 km/h，远小于规范中使用的匝道设计速度（40 km/h），推荐加速车道长度与相关规范的规定值比均较大，但接近"城市地下道路出入口变速车道长度设计研究"中的成果。说明主线与匝道速度差异对加速车道长度有重要影响，当工程中匝道与主线速度差异过大时，应进行针对性验证工作。

⑦ 在设计中如果加速车道长度不足，应限制外侧车道速度，以匝道进入车辆完成换道时速度与主线外侧车道限制速度差在 10 km/h 为宜。

2.4.3 车道数匹配

出入口车道数匹配形式对交通流的顺畅运行起着重要作用。地下道路车道数的匹配应包含入口合流区和出口分流区，考虑合流区车道数的匹配比分流区对地下道路交通运营安全及监控管理更加重要，结合服务水平，本节针对合流区车道数匹配关系进行了研究。

通过分析在不同服务水平条件下，合流区车道数匹配形式的差异对主线及匝道交通流运行的影响，用于指导地下道路出入口车道数匹配关系设计和交通运营管理，以保证地下道路交通运行安全。研究结论如下：

（1）入口合流区车道数匹配形式的差异对主线交通流的影响不大，减一匹配的匝道入口路段以及完全匹配的渐变段路段，在三、四级道路服务水平下，主线车速略有降低，但降低幅度不大且恢复较快；主线车辆通过交织路段时延误增加不明显，两种车道数匹配形式均能够保证主线车辆以设计速度通过交织区。可以认为车道数减一配置与车道数完全平衡对主线交通流影响不显著。研究结论与设定的匝道车流需让行主线车流相关。

（2）入口合流区车道数匹配形式的差异对匝道上的交通流有较大影响，车道数完全匹配时，匝道车辆直接汇入主线，因此匝道车辆可以正常通行；但车道数减一匹配时，道路服务水平越低，匝道车辆并入主线的机会越少，造成匝道车流的排队及延误值越大，三级服务水平时匝道上会出现拥堵，四级服务水平时匝道上会严重拥堵，交通流处于阻塞流状态。因此，可以认为服务水平为一级和二级时，车道数减一配置对匝道的影响处于可接受范围内，服务水平为三级和四级时，匝道会出现拥堵，应采取匝道控制措施，避免车辆拥堵在地下交通环境内。

（3）在一、二级服务水平下，两种车道数匹配形式均可以保证交通流通行顺畅；在三、四级服务水平下，车道数完全匹配时主线渐变段虽然出现交通运行缓慢现象，但路段拥堵程度远小于减一匹配时的匝道路段。

在工程设计中一般需要满足三级服务水平，但在实际运营中通常会出现低于三级服务水平的情况，因此从路网通行效率的角度考虑，设计时入口合流区车道数匹配形式应采用完全匹配。

特殊情况无法采用车道数完全匹配形式时，在运营管理中，可根据主线车流状况和服务水平对入口合流区匝道进行管控。主线服务水平为一二级时，对入口匝道开放通行；主线服务水平为三、四级时，对入口匝道封闭禁行。

2.4.4 出入口端部

出入口端部是出入口设计的重要组成部分，在公路和城市道路设计规范中对出入口端部设计均做了相关规定。对地下道路出入口来说端部设计尤其重要，保证出入口端部的识别距离，提高出入口的识认性对提高地下道路的交通安全非常必要。由于缺少相关研究，这里仅对相关规范中的规定以及工程中采取的相关措施进行解读，以便在地下道路出入口端部设计中予以重视。

1）公路设计规范

现行《公路路线设计规范》中规定主线分流鼻之前应保证判断出口所需的识别视距。识别视距应大于表 2.4-8 的规定。条件受限制时，识别视距应大于 1.25 倍的主线停车视距。从数据看条件受限时规定的识别视距降低较多。

表 2.4-8 识别视距

设计速度/（km/h）	120	100	80	60
识别视距/m	350~460	290~380	230~300	170~240
1.25 倍的停车视距/m	262.5	200	137.5	93.75

现行《公路路线设计规范》中同时规定汇流鼻前，匝道与主线间应具有如图 2.4-3 所示的通视三角区。100 m 相当于主线设计速度 120 km/h 时 3 s 的行驶距离或 70 km/h 时 5 s 的行驶距离，60 m 相当于匝道设计速度 70 km/h 时 3 s 的行驶距离或 40 km/h 时 5 s 的行驶距离。

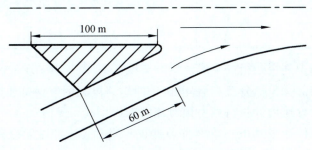

图 2.4-3 汇流鼻前通视三角区

现行《公路项目安全性评价规范》JTG B05 中规定了互通式立交匝道分合流点要求的识别视距，见图 2.4-4。

匝道合流点的识别视距与主线和匝道的运行速度相关，主线按 8 s 设计速度的行程长度计算，匝道按 5 s 设计速度的行程长度计算。在整个入口端部，在合流点、主线识别视距和匝道识别视距围成的视距三角区内应保持通视。

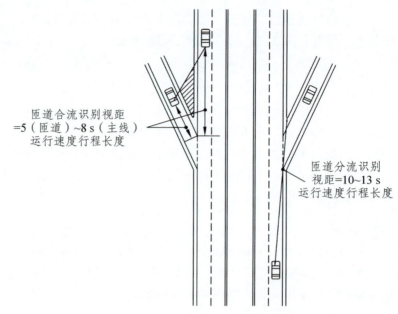

图 2.4-4　互通式立交视距参数图

运行速度按设计速度计算得到匝道合流点的识别视距见表 2.4-9、表 2.4-10。合流段识别视距三角区大于路线规范中汇流鼻前通视三角区范围。

表 2.4-9　匝道合流点主线的识别视距

主线设计速度/（km/h）	120	100	80	60
8 s 行驶距离/m	267	222	178	133

表 2.4-10　匝道合流点匝道的识别视距

匝道设计速度/（km/h）	80	70	60	50	40	30
5 s 行驶距离/m	111	97	83	69	56	42

匝道分流点的识别视距根据主线的运行速度，按 10～13 s 设计速度的行程长度计算。在整个出口端部，包括分流点后 40 m 的匝道路段范围应保持通视。

运行速度按设计速度计算得到匝道分流点的识别视距见表 2.4-11。其规定的 10 s 大于路线规范中条件受限时 1.25 倍停车视距的规定，10 s 和 13s 行驶距离的　数值分别接近表 2.4-8 中识别视距的下限和上限。

表 2.4-11　匝道分流点的识别视距

主线设计速度/（km/h）	120	100	80	60
10 s 行驶距离/m	333	278	222	167
13 s 行驶距离/m	433	361	289	217

2）城市道路设计规范

现行《城市道路交叉口设计规程》中也规定了入口端部的通视区域，与公路路线规范一致，对出口端部无明确规定。

现行《城市地下道路工程设计规范》中对主线分合流鼻端规定了相应的识别视距，但对端部的通视要求无相关规定。具体规定为：

主线分流鼻前的识别视距不宜小于 2 倍的主线停车视距，条件受限时应不小于 1.5 倍的主线停车视距。

主线汇流鼻前的识别视距应不小于 1.5 倍的主线停车视距。

匝道接入主线入口处从汇流鼻端开始应设置与主线直行车道的隔离段，隔离段长度不应小于主线的停车视距值，隔离设施不应遮挡视线。

根据主线设计速度，计算得到分合流鼻端识别视距的具体规定见表 2.4-12。

表 2.4-12　分合流鼻端识别视距

设计速度/（km/h）	80	60	50	40	30	20
1.5 倍停车视距/m	165	105	90	60	45	30
2 倍停车视距/m	220	140	120	80	60	40

表中计算值分流点识别视距 1.5 ~ 2.0 倍的停车视距均低于公路匝道分流点识别视距 10 ~ 13 s 的行驶距离，但高于公路路线规范中条件受限时 1.25 倍停车视距的规定。

表中计算值合流点识别视距 1.5 倍的停车视距也低于公路匝道合分流点识别视距 8s 的行驶距离。

地下道路出入口处识别视距示意图见图 2.4-5、图 2.4-6。图 2.4-5 合流端和分流端均采用平行式，车道数完全匹配；图 2.4-6 合流端采用平行式，车道数完全匹配，分流端采用直接式，车道数减一匹配。

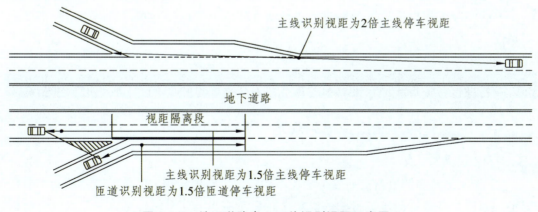

图 2.4-5　地下道路出入口处识别视距示意图 1

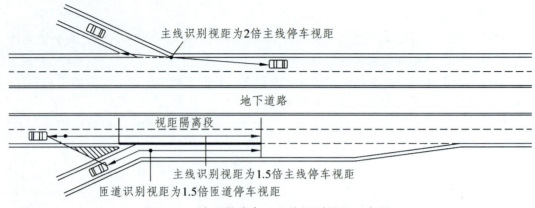

图 2.4-6　地下道路出入口处识别视距示意图 2

从图示中可以看出：

① 出入口端部设计与车道数匹配形式相关。

② 对于出口分流端部在车道数完全匹配时，一般均能满足识别视距要求，减一匹配时，应对主线外侧车道的识别视距进行核算，特别是位于平曲线段时。

③ 对于入口合流推荐采用车道数完全匹配的布设形式，设计中应注意核算合流端主线和匝道识别视距，视距三角区内应保持通视。如不能保证通视距离，应结合加速车道长度，将视距隔离段适当延长，以满足识别视距的要求。

3）其他提高出入口端部交通安全性的措施

为提高出入口端部交通安全性，建议增强出入口的识别性，设计中可考虑采用以下措施：

① 出入口段照明适当增强。

② 内部进行特殊景观装饰，凸显出口位置。

③ 设置连续完善的指路导向标志系统，加强出入口引导等措施。

一些实际工程也采取了侧墙改为墩柱或在侧墙上开口的方式，提高出入口端部的识别性。

2.5　地下互通立交交通组织技术研究

2.5.1　隧道内交通组织相关规定

1）法律法规

《中华人民共和国道路交通安全法》第四章"道路通行规定"第二节"机动车通行规定"第四十三条：同车道行驶的机动车，后车应当与前车保持足以采取紧急制动措施的安全距离。有下列情形之一的，不得超车：

（一）前车正在左转弯、掉头、超车的；

（二）与对面来车有会车可能的；

（三）前车为执行紧急任务的警车、消防车、救护车、工程救险车的；

（四）行经铁路道口、交叉路口、窄桥、弯道、陡坡、隧道、人行横道、市区交通流量大的路段等没有超车条件的。

《中华人民共和国公路法》没有针对隧道路段交通组织的规定。

2）公路行业标准规范

《道路交通标志和标线　第3部分：道路交通标线》GB 5768.3—2009第5.3条"禁止跨越同向车行道分界线"5.3.2条"设于交通繁杂而同向有多条车行道的桥梁、隧道、弯道、坡道……的路段或其他认为需要禁止变换车道的路线"要求交通繁杂的桥梁、隧道设置禁止跨越同向车行道分界线。

《公路交通安全设施设计规范》JTG D81—2017第5.2.2条规定特殊路段的交通标线设计包括：①经常出现强侧风的桥梁路段、隧道出入口路段、急弯陡坡路段，应设置禁止跨越同向车行道分界线；②隧道出入口路段宜作为独立的设计单元。

《公路交通安全设施设计细则》JTG/T D81—2017第5.2.2条规定在交通繁杂而同向有多条车行道的桥梁（经常出现强侧风）、隧道、急弯陡坡等路段要设置禁止跨越同向车行道分界线。

《公路隧道设计规范　第一册　土建工程》JTG 3370.1—2018第1章总则中对公路隧道按长度进行了分类（表2.5-1）。

表2.5-1　公路隧道按长度分类

分类	特长隧道	长隧道	中隧道	短隧道
长度/m	$L>3\,000$	$3\,000{\geqslant}L>1\,000$	$1\,000{\geqslant}L>500$	$L{\leqslant}500$

注：隧道长度系指两端洞口衬砌端面与隧道轴线在路面顶交点间的距离。

《公路工程技术标准》JTG B01—2014规定：长隧道内右侧侧向宽度小于2.5 m时，应设置紧急停车带。紧急停车带宽度应为3.5 m宽，长度不应小于30 m，间距不宜大于750 m。现行《公路隧道设计规范》规定：长、特长隧道，应在行车方向的右侧设置紧急停车带。对向行车隧道，其紧急停车带应双侧交错设置。紧急停车带的宽度，包含右侧向宽度应取3.5 m，长度应取40 m，其中有效长度不得小于30 m。

现行《道路交通标志和标线》指出禁止跨越同向车行道分界线设于交通繁杂而同向有多条车行道的桥梁、隧道、弯道、坡道、车行道宽度渐变路段、交叉口驶入段、接近人行横道线的路段或其他认为需要禁止变换车道的路段。

广西壮族自治区地方标准《高速公路交通标志和标线设置规范》DB 45/T 954—2013指出隧道内的画线方法应遵循如下几条原则：

（1）隧道路段及隧道入口路段应设置禁止跨越同向车行道分界线。

（2）隧道入口和出口的硬路肩应设置导流线。

（3）隧道内同向车行道分界线宜采用实线，车道边缘线宜采用振动标线。

（4）隧道内检修道边缘宜设置黄黑相间的立面标记，每隔一定长度设置一个突起路标。

（5）隧道入口、出口路段内外路面材料不一致时宜设置彩色防滑标线。

（6）隧道出入口路段宜作为独立的设计单元，交通标线的设计应与交通标志、护栏、视线诱导等设施统筹考虑，综合设置。

3）城市道路标准规范

《城市地下道路工程设计规范》CJJ 221—2015 交通标线一节中对城市地下道路车道分界线作如下说明，即："城市地下道路出入口的洞口内及洞外 50 m～100 m 范围内宜设置实线车道分界线。城市地下道路连续弯道、视距不良等危险路段宜设置实线车道分界线。"

《城市道路交通设施设计规范》GB 50688—2011 第 6.2.2 条规定，特殊路段的交通标线设计应符合下列规定：视距受竖曲线或平曲线、桥梁、隧道等限制的路段，应设置禁止跨越同向车行道分界线。

《城市道路交通标志和标线设置规范》GB 51038—2015 第 13.3.2 条规定下列情况应设置白色实线：经常出现强侧风的大型桥梁路段、宽度窄于路基的长大隧道路段。

2.5.2 互通立交交通组织相关规定

2.5.2.1 行业标准规范

我国《公路路线设计规范》（JTG D20—2017）对互通间距规定如下：高速公路相邻互通式立交的最小间距，不宜小于 4 km。因路网结构或其他特殊情况限制，经论证相邻互通式立交的间距需适当减小时，上一互通加速车道渐变段终点至下一互通的减速车道渐变段起点间的距离，不得小于 1 000 m，且应进行专项交通工程设计，设置完善、醒目的标志、标线和警示、诱导设施。小于 1 000 m 且经论证必须设置时，应将两者合并设置为复合式互通立交。

隧道出口与前方互通立交间的距离，应满足设置出口预告标志的需要；条件受限时，隧道出口至前方互通出口起点的距离不应小于 1 000 m，小于时应在隧道入口前或隧道内设置预告标志。隧道出口与前方互通立交间距离示意图如图 2.5-1 所示。

（a）隧道与前方主线出口之间

（b）主线入口与前方隧道之间

图 2.5-1　隧道出口与前方互通立交间距离示意图

《公路立体交叉设计细则》（JTG/T D21—2014）对互通立交净距和互通立交与隧道净距的规定如表 2.5-2 及表 2.5-3 所列：

表 2.5-2　互通式立体交叉及其他设施的最小净距规定

主线设计速度/（km/h）		120	100	80	60
互通式立体交叉之间 最小净距/m	主线单向双车道	800	700	650	600
	主线单向 3 车道	1 000	900	800	700
	主线单向 4 车道	1 200	1 100	1 000	900
互通式立体交叉与服务区、 停车区之间最小净距/m	主线单向双车道	700	650	600	600
	主线单向 3 车道	900	850	800	700
	主线单向 4 车道	1 100	1 000	900	800

表 2.5-3　互通式立体交叉与隧道的最小净距规定

主线设计速度/（km/h）		120	100	80	60
隧道与前方主线出 口之间最小净距/m	主线单向双车道	500	400	300	250
	主线单向 3 车道	700	600	450	350
	主线单向 4 车道	1 000	800	600	500
主线入口与前方隧道之间最小净距/m		125	100	80	60

2.5.2.2　地方标准指南

（1）广东省公路管理局发布的《高速公路出入口标线设置指南》明确了双向四车道、六车道和八车道高速公路互通立交出入口标线组织方法。

① 双向四车道出口标线设置如图 2.5-2。

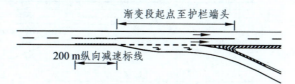

图 2.5-2　双向四车道出口标线设置示意图

② 双向六车道出口标线设置如图 2.5-3。

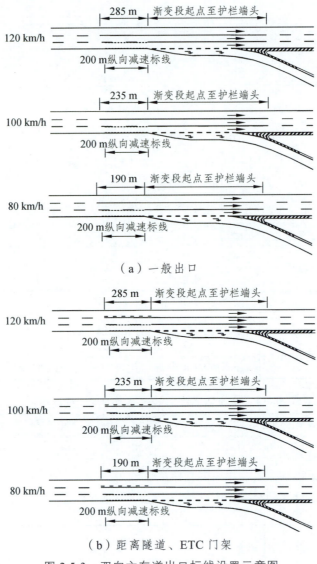

（a）一般出口

（b）距离隧道、ETC 门架

图 2.5-3　双向六车道出口标线设置示意图

③ 双向八车道出口标线设置如图 2.5-4。

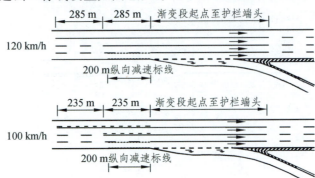

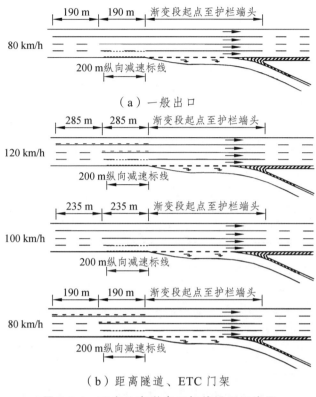

（a）一般出口

（b）距离隧道、ETC 门架

图 2.5-4 双向八车道出口标线设置示意图

④ 各车道出口标线设置如图 2.5-5。

⑤ 标志与标线配合。

提前告知变线路段的标志宜采用单悬臂式或门架式结构。如图 2.5-6、图 2.5-7 所示，如果距离减速车道渐变段起点 1 km 处有门架结构，建议该标志与出口预告标志设置在同一门架结构上；如果 1 km 处无门架结构，建议在 1.5km 处设置单悬臂结构。

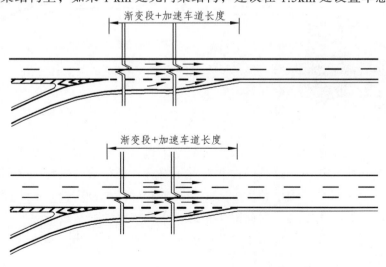

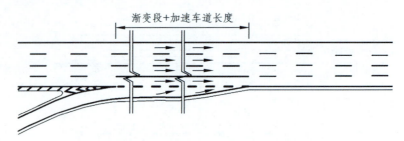

图 2.5-5   各车道出口标线设置示意图

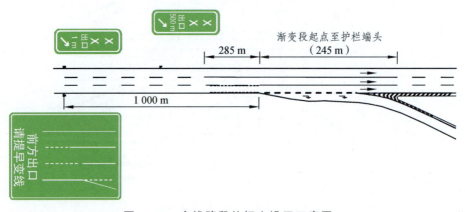

图 2.5-6   变线路段的标志设置示意图 1

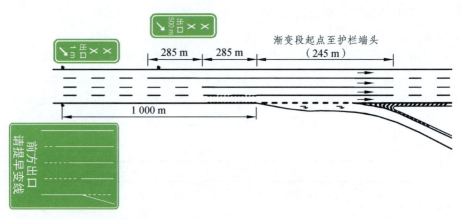

图 2.5-7   变线路段的标志设置示意图 2

可见，广东省高速公路出口标线规定对本项目具有一定的参考意义，但由于禁止变道标线的视认距离较短，过长的白实线并不符合驾驶行为习惯，反而造成紧急变道的风险。同时上游虽然设置了警示标志，但与现行标准规范不符。由于国内驾驶人提前变道驶出的驾驶习惯不良，因此除了标志，更应该在地面增设诱导标线，引导驾驶人提前变道。另外，该规定提出了隧道接互通出口路段的标线施画方法，但最内侧车道采用左虚右实的画法并没有起到白实线的作用，且没有考虑到隧道与互通间距的不同情况，以及隧道内对标线的视认问题。

（2）如图 2.5-8 所示，吉林省地方标准《高速公路互通式立交匝道横断面设置技术规范》DB22/T 3146—2020 规定了高速公路互通式立交匝道路基宽 10.50 m 单车道横断面和连接部设计指标。

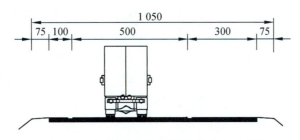

图 2.5-8　10.5 m 单车道匝道横断面图（尺寸单位：cm）

2.5.3　隧道与互通连接段驾驶行为问卷调查

本项目通过网络调查，了解隧道与互通连接段驾驶人行为特性。主要调查结果包括：

（1）本次调查共收取有效问卷 1843 份，其中：95.66% 来自云南省；男性占 60.93%，女性占 39.07%；96.91% 为小客车驾驶人；非职业驾驶员占 84.92%，3 年以下、3~6 年和 6 年以上驾龄的有效问卷比重相当。可见问卷调查面向了社会车辆、非职业小客车驾驶员、各个驾龄、各个性别，问卷结果覆盖面和代表性较好。

（2）隧道内急弯路段、光线较暗和相邻车道交通量较大、货车比例高是影响隧道内驾驶人变道的主要因素。因此多数调查者对隧道内改画为虚线允许车辆变道持谨慎态度，认为应该画虚线或有条件地画虚线的占 74.4%，但应确保照明条件。因此本项目应对隧道停车视距、光照条件和交通量等三个因素进行重点考虑。

（3）调查者中 16.25% 的驾驶人对隧道内不变道行驶的容忍度在 1 min 以内，40.23% 的驾驶人在 1~5 min。认为长隧道（3 km≥长度>1 km）和特长隧道（长度>3 km）内希望能够允许变道的驾驶人已占到了调查者的一半以上（49.46% 和 78.71%）。因此，长隧道和特长隧道是本项目关注重点，同时，针对隧道群需结合驾驶容忍程度、运行安全性等因素提出可变道间距要求。

（4）互通立交出口段车多、可变道的机会少、车道数多、出口之前是隧道影响出口识别、货车比例高、外侧车道速度慢、限速较高容易错过出口等因素均是驾驶人变道考虑因素。对于施画白实线禁止变道的措施，88.98% 的被调查者均有良好的认知。

（5）被调查者中 54.16% 选择无论如何都不会压实线变道，34.67% 选择当前车速度慢时会压实线变道，25.32% 选择最外侧车道很多大货车时会压实线变道；23.27% 选择当没看清标志差点儿开过时会压实线变道。可见，采用白色实线规范出口交通秩序对绝大多数的驾驶人具有显著的效果，遵从率很高，但仍然有23.27%选择当没看清标志差点儿开过时会压实线变道，构成了互通立交出口的风险源。

（6）调查者中35.32%的被调查者有过在互通立交出口即将错过出口紧急变道驶出高速的经历，其中89.76%的人认为当时情况很危险。说明驾驶人对紧急变道的危险认知程度很高。

（7）针对项目组给出的互通立交出口三种组织方案，调查结果显示：84.6%的驾驶人支持在出口施画白色实线规范驾驶行为；61.02%的驾驶人支持本项目推荐的方案，即出口车道画实线（从里到外长度依次缩短），限制车辆变道。

（8）在所有被调查者中，124人给出了对隧道和互通立交路段标志和标线完善设施和管理手段的意见和建议，初步分析主要集中在：

① 应加强隧道内照明及其管理。

② 隧道洞口设置大型货车靠右行驶标志，加强大型货车的管理。

③ 提醒驾驶人隧道内开灯行驶。

④ 标志标线的设置应清晰、明确。

⑤ 加强交通执法措施。

2.5.4　隧道内允许变道最小长度分析

2.5.4.1　实际驾驶观测

车辆安全变道需经历驾驶人观察反光镜中相邻车道状况判断是否可变换车道、打转向灯、操纵车辆变道等过程。根据高速公路实际观测，驾驶员在自由流状态下，考虑一次判断操作时间，变换一次车道所需距离平均值为150 m左右，85%位所需距离为180 m左右，如图2.5-9所示。因此考虑不同驾驶人经验程度，该长度应满足大部分驾驶人的认知和经验程度，因此应选取较高的百分位，故按照85%位确定隧道路段可变道标线长度应不小于180 m。但由于隧道路段驾驶环境变化较大，影响驾驶判断时间和变道操作长度，还应预留一定的心理安全空间，避免驾驶人操作过于紧急。根据现场调研可见，隧道内受照明条件等影响，驾驶人能够清晰视认前方标线类型的距离约为6条6-9制标线，同时参考现行立交细则加速车道长度的规定，考虑一般情况下预留3 s设计速度行程长度，增加60 m的安全净距，即一般情况下宜确保240 m的可变道长度，特殊情况下应满足180 m的可变道长度。实际驾驶观测实验如图2.5-10所示。

2.5.4.2　驾驶模拟实验

本项目利用驾驶模拟仓，通过在一段长隧道内分别设置三段长度为150 m、180 m和240 m的可变道段，观察不同驾驶人变道过程中的驾驶行为，以评估可变道最小长度指标（图2.5-11）。

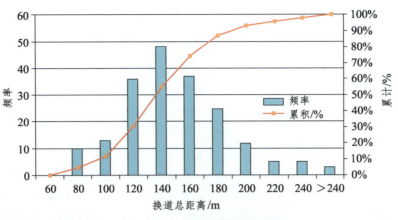

图 2.5-9　单次换道距离分布

图 2.5-10　实际驾驶观测实验

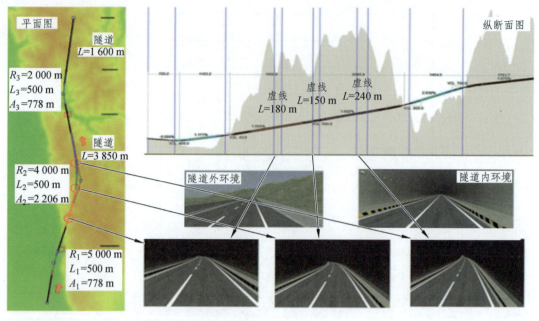

图 2.5-11　驾驶模拟实验

从实验结果来看，可以得出以下结论：

（1）从驾驶人的车辆轨迹可以看出，不同长度和线形条件下，车辆轨迹不同。在150 m 条件下，所有被试驾驶人轨迹变化起点和终点均位于允许变道路段的起点和终点，变道位置距离可变道段起点平均为 78.5 m。在 180 m 条件下，所有被试驾驶人轨迹变化起点均位于允许变道路段的起点，但轨迹终点要比变道段终点更靠后，变道位置距离可变道段起点平均为 120.0 m。在 240 m 条件下，驾驶人轨迹变化起点基本位于允许变道路段起点，终点位于允许变道路段中后部未到达终点，变道位置距离可变道段起点平均为 94.1 m。

（2）由于 180 m 路段位于实验第一处可变道路段，驾驶人存在反应和适应过程，因此驾驶人变道位置相比 150 m 更靠后。在 240 m 条件下，大部分被试驾驶人在可变道终点前均完成了变道，个别驾驶人操作较为谨慎，但在白实线前也完成了变道过程，说明驾驶人变道更加从容。

（3）由于 180 m 允许变道路段位于左转曲线段，驾驶人在完成变道操作后，普遍存在调整方向的过程，行驶轨迹表现为波动形状，但从调整幅度看均没有超出车道宽度，满足安全要求。同时个别驾驶人也认为曲线段变道对驾驶较为谨慎的驾驶人存在一定困难。

（4）各次变道过程均能以较高的速度通过，没有出现明显减速的情况。说明可变道长度基本均能满足驾驶人自由流状态下的变道需求。

（5）驾驶模拟结果验证了实际驾驶观测结果，一般情况下宜确保 240 m 的可变道长度，特殊情况下应满足 180 m 的可变道长度。

2.5.5 隧道洞口禁止变道最小长度

由于隧道洞口存在黑洞和白洞效应，因此隧道洞口内一定长度范围内应禁止变道。《公路隧道设计规范　第一册　土建工程》JTG 3370.1—2018 规定，隧道洞外连接线线形应与隧道线形相协调，隧道洞口内外侧各 3s 设计速度行程长度范围内的平纵面线形应一致。规定隧道入口外 150 m 和出口外 100 m 范围内设置白实线。

AASHTO（美国州公路及运输协会）中对高速公路不同特征路段的驾驶判断反应时间有明确要求。如表 2.5-4 所列，乡间道路变速/换道/转向时判断反应时间取 10.2 ~ 11.2 s，市郊道路变速/换道/转向时判断反应时间取 12.1 ~ 12.9 s（按照 100 km/h 计算为 283 ~ 311 m），城市道路变速/换道/转向时判断反应时间取 14.0 ~ 14.5 s。考虑乡间道路环境，按照 100 km/h 计算，判断反应时间内所需长度为 283 ~ 311 m。

表 2.5-4　判断反应时间表

国际制					美国制					
设计速度 /（km/h）	判断视距/m				设计速度 /（mile/h）	判断视距/ft				
	避让操纵					避让操纵				
	A	B	C	D	E		A	B	C	D	E
50	70	155	145	170	195	30	220	490	450	535	620
60	95	195	170	205	235	35	275	590	525	625	720
70	115	235	200	235	275	40	330	690	600	715	825
80	140	280	230	270	315	45	395	800	675	800	930
90	170	325	270	315	360	50	465	910	750	890	1 030
100	200	370	315	355	400	55	535	1 030	865	980	1 135
110	235	420	330	380	430	60	610	1 150	990	1 125	1 280
120	265	470	360	415	470	65	695	1 275	1 020	1 220	1 365
130	305	525	390	450	510	70	780	1 410	1 105	1 275	1 445
						75	875	1 545	1 180	1 365	1 545
						80	970	1 685	1 260	1 455	1 650

避让操纵 A：乡间道路停车，t=3.0 s。
避让操纵 B：城市道路停车，t=9.1 s。
避让操纵 C：乡间道路变速/换道/转向，t=10.2 ~ 11.2 s。
避让操纵 D：市郊道路变速/换道/转向，t=12.1 ~ 12.9 s。
避让操纵 E：城市道路变速/换道/转向，t=14.0 ~ 14.5 s。

对高速公路隧道路段车辆运行速度进行观测得到图 2.5-12 所示结果，可见车辆进入隧道入口后，车速仍呈现下降趋势，到达洞内 300 m 位置后，驾驶人对隧道环境已经较为适应，车速开始缓慢上升。接近隧道出口时，运行速度同样在隧道内 300 m 处开始有所下降，直至驶出隧道后，车速再次上升。隧道运行速度特征点如图 2.5-13 所示。

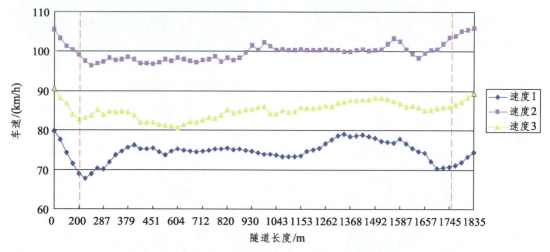

图 2.5-12　高速公路隧道路段车辆运行速度观测记录

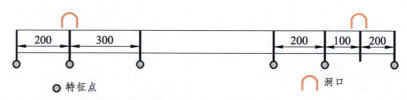

图 2.5-13　隧道运行速度特征点（单位：m）

结合国内外规范规定和相关研究成果，以及调研成果，考虑到洞内变道车辆视认与操作的需要，以及隧道相关指标规定的一致性，确定出入洞口内禁止变道标线应不小于 300 m。样例如图 2.5-14 所示。

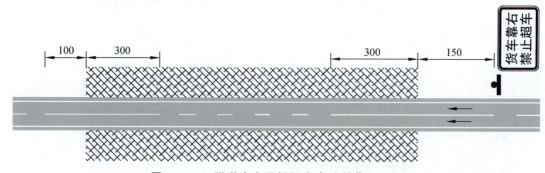

图 2.5-14　隧道内交通组织方案（单位：m）

考虑到隧道内特殊环境影响，驾驶人对变道操作普遍较为谨慎，对跟驰行驶也有一定的忍受。由于变道对安全存在影响，不宜全部放开各类隧道可变道的规定。因此按长隧道（3 000 m≥L>1 000 m）及特长隧道（L>3 000 m）可设置可变道标线，中短隧道不宜设置可变道标线推进。

2.5.6　隧道接互通出口段交通组织研究

隧道内空间受限严重，难以布设正常尺寸的出口预告标志；同时，隧道洞顶设置的预告标志处于照明范围外，视认困难。因此，隧道路面增设出口预告标记信息，是缓解小间距问题的有效措施之一。

利用驾驶模拟仓，分别搭建了六车道高速隧道洞口与前方主线出口渐变段起点间距分别为 250 m、280 m、300 m 和 360 m 共计 4 种道路场景，观察不同驾驶人变道过程中的驾驶行为，以评估可变道最小长度指标。图 2.5-15 为 4 种方案、外侧车道有货车车队情况下的驾驶人由中间车道驶出主线的全部行驶轨迹。

（1）250 m 方案。对于由内侧车道开始换道的情况，驾驶人均需要在短时间内连续换道才能保证成功驶入出口匝道，实验中一名内侧车道驾驶人未能完成换道，其余内侧车道换道的驾驶人均未充分使用减速车道，多数驾驶人到达最外侧车道时已错过出口渐变段，不得不越过导流线进入减速车道。对于由中间车道开始换道的情况，数据结果显示多数驾驶人能够寻找到合适的车辆间隙完成换道并驶出主线，但该方案下也出现了个别驾驶人未能使用减速车道直接进入匝道鼻端以及未能驶离主线进入匝道的极端情况。

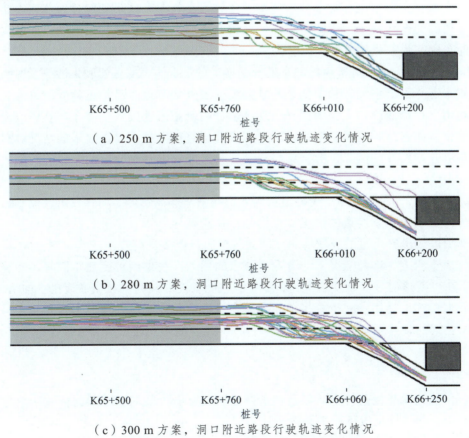

（a）250 m 方案，洞口附近路段行驶轨迹变化情况

（b）280 m 方案，洞口附近路段行驶轨迹变化情况

（c）300 m 方案，洞口附近路段行驶轨迹变化情况

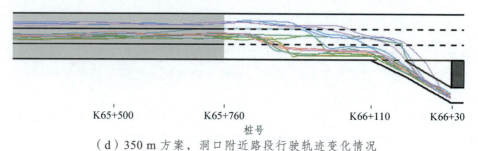

K65+500　　　　K65+760　　　　　K66+110　　　K66+30

桩号

（d）350 m 方案，洞口附近路段行驶轨迹变化情况

图 2.5-15　4 种设计方案下，驾驶人换道完成情况对比

（2）280 m 方案。对于由内侧车道开始换道的情况，约 40% 的驾驶人能够及时换道至最外侧车道并驶出主线，但其到达最外侧车道时已接近渐变段终点，未能充分利用出口渐变段，实验中有一名内侧车道驾驶人错过互通出口未能完成换道，也出现了越过导流线直接由鼻端进入匝道的极端情况。对于由中间车道开始换道的情况，数据结果显示驾驶人均能够寻找到合适的车辆间隙完成换道并驶出主线。

（3）300 m 方案。对于由内侧车道开始换道的情况，约 60% 的驾驶人能够及时换道至最外侧车道并驶出主线，但其到达最外侧车道时已接近渐变段终点，未能充分利用出口渐变段，实验中也存在部分内侧车道驾驶人受货车车队影响越过导流线直接进入减速车道的情况。对于由中间车道开始换道的情况，数据结果显示驾驶人能够寻找到合适的车辆间隙完成换道并驶出主线。

（4）360 m 方案。对于由内侧车道开始换道的情况，大部分驾驶人能够及时换道至最外侧车道并驶出主线，其中部分驾驶人到达最外侧车道时已接近渐变段终点，未能充分利用出口渐变段，实验中同样出现了部分内侧车道驾驶人受货车车队影响未能及时驶出，从而越过导流线直接进入减速车道甚至直接由鼻端进入匝道的情况。对于由中间车道开始换道的情况，数据结果显示驾驶人能够寻找到合适的车辆间隙完成换道并驶出主线。

综上可见，4 种方案下，受隧道白洞效应与货车车队影响，均存在由内侧车道驶出主线的驾驶人未完成换道的情况，也同时存在跨越导流线直接进入减速车道甚至直接跨越鼻端进入出口匝道的极端情况。因此隧道出口应按现行规范规定设置 100 m 长的白实线禁止变道，这种情况下，有变道需求的驾驶人观察到可变道路段时，能够提前准备，在可变道起点实施变道操作，节省了空间长度。同时，在交通流量小的情况下，变道需求长度也会相应减少很多。而且，在隧道内允许变道的情况下，有相当一部分车辆将会提前转移至中间和外侧车道通行，将显著提高互通出口交通运行秩序。

2.5.7　交通组织方案

结合相关标准规范规定，以及隧道接互通立交出口段的实际驾驶特性调查与驾驶模拟实验，初步提出以下原则与方法：

（1）隧道出口与互通式立交出口（含服务区、停车区、检查站等）净距满足规范一般值 1 km 时，隧道内按照现行规范设置预告标志等设施。

（2）隧道出口与互通式立交出口（含服务区、停车区、检查站等）净距低于规范一般值 1 km 但大于等于 460 m（六车道高速）或 280 m（四车道高速）时，隧道内除设置预告标志外，还应设置路面出口预告标记。

（3）隧道与互通式立交出口（含服务区、停车区、检查站等）净距低于 460 m（六车道高速）或 280 m（四车道高速）时，隧道内除设置预告标志和路面出口预告标记外，还应采用白色虚线允许变道。

（4）路面标记与白色虚线应配合使用，预告距离应结合距隧道洞口和互通出口的间距合理选取。路面标记与白色实线间距不应小于 180 m。隧道长度较短，不满足设置白色虚线最短长度时，应在隧道上游一般路段或上游隧道内设置地面诱导标记。

（5）隧道接枢纽立交或高速公路为六车道断面时，隧道内侧车道应至少设置 2 级地面标记，其他隧道可设置 1 级地面标记。

（6）隧道与下游出口净距满足 100 m 洞外实线长度和 180 m 一次变道最小长度时，外侧两车道间可采用白色虚线允许变道。

（7）隧道与下游出口净距满足 100 m 洞外实线长度和 360 m 两次变道最小长度时，各车道间可采用白色虚线允许变道。

（8）当中隧道与互通出口相接时，根据间距的不同可在隧道内设置路面出口预告标记和白色虚线允许变道。最外侧车道的出口直右箭头标记不受隧道影响。

（9）受隧道群、隧道内视距不良路段、洞外桥梁小半径曲线、互通出口、ETC 门架等因素影响时，应对交通组织措施进行综合设置，遵循白色虚线允许变道最小长度 180 m 的原则，根据驾驶行为规律，部分白色实线可采用虚实相结合的措施，并做好上游预告与警示。

2.6 本章小结

研究基于国内外文献综述和相关标准规范条文的分析，借助驾驶模拟实验、问卷调查、实车实验等研究手段，分别针对地下互通立交主线平纵面指标、线形组合方案、出入口连接部设计以及地下互通立交的交通组织开展了论证，初步确定了地下互通立交的一些设计指标：

（1）地下互通立交主线隧道出入口段平面线形指标应适当高于一般路段，建议取一般路段建议值的 1.4 ~ 1.57 倍，条件受限时取一般路段的 1.25 倍。

（2）隧道出入口段竖曲线设计指标宜取一般路段的 1.5 倍，条件受限时，凸型竖曲线可取一般路段最小值的 1.25 倍。

（3）地下道路适用的线形组合方案类型要多于地上道路，其中：最佳组合类型包括组合类型 7（竖曲线位于平曲线的中间，跨越缓和曲线、圆曲线和缓和曲线）、组合类型 8（竖曲线位于圆曲线内）和组合类型 11（竖曲线与平曲线交叉，跨越直线、缓和曲线和圆曲线）；组合类型 1（竖曲线与平曲线交叉，跨越直线和缓和曲线）、组合类型 5（平包纵，竖曲线位于缓和曲线内）和组合类型 6（平包纵，竖曲线位于缓和曲线和圆曲线内）在使用时需考虑第二缓和曲线中点至 HZ 点的安全问题；组合类型 3（竖曲线与平曲线交叉，跨越直线、缓和曲线、圆曲线和缓和曲线）在使用时要同时考虑第一缓和曲线中点至 HY 点/变坡点的安全问题，组合类型 13（竖曲线与平曲线交叉，跨越直线和缓和曲线）在使用时则要考虑竖曲线起点至变坡点/HZ 点的安全问题。

（4）地下互通立交不宜采用左侧进出的匝道形式，且加减速车道的长度要较地上道路有所加长。

（5）地下互通立交出入口匝道车道数应完全匹配。特殊情况时，应根据不同服务水平来确定交通管理措施。

（6）地下互通立交出入口端部识别视距应为一般路段的 1.5 倍，同时采取加强照明、景观装饰、配套引导设施等措施提高其可视性。

（7）地下互通立交隧道内允许车辆换道的距离一般情况下宜大于 240 m，特殊情况下应满足 180 m 的最小值。

（8）地下互通立交主线隧道入口前 150 m 至进洞后 300 m、出口出洞前 300 m 至出洞后 100 m，应采取施画白色实线等形式禁止车辆换道。

（9）地下互通立交主线隧道出口与立交出口净距满足规范一般值 1 km 时，隧道内按照现行规范设置预告标志等设施；低于规范一般值 1 km 但大于等于 460 m（六车道高速）或 280 m（四车道高速）时，隧道内除设置预告标志外，还应设置路面出口预告标记；低于 460 m（六车道高速）或 280 m（四车道高速）时，隧道内除设置预告标志和路面出口预告标记外，还应采用白色虚线允许变道。

（10）地下互通立交匝道入口接隧道洞口时，应结合具体间距合理设置白色实线禁止车辆在隧道洞口处变道。净距满足 150 m 洞外白色实线长度和 180 m 一次变道最小长度时，内侧两车道间可采用白色虚线允许变道；净距满足 150 m 洞外实线长度和 100 m 间距时，外侧两车道间可采用白色虚线允许变道；净距不满足 150 m 洞外实线长度时，外侧两车道间可设置左实右虚标线，洞口白色实线长度应不小于 30 m。

本研究在现有规范中隧道和互通立交相关设计指标规定的基础上进行探讨，初步提出了地下立交设计的关键指标要求，但随着我国高速公路向西部山区的逐步延伸，受地形和造价等因素限制，不同形式地下互通立交也将逐步呈现。为满足建成后的安全行车需求，对于地下互通立交设计指标尚需开展进一步的研究工作。

第 3 章
虎跳峡地下互通立交
行车安全分析及对策

本章主要围绕虎跳峡地下互通立交路段（K48+415.78～K83+733）的线形指标、连续长下坡、隧道群以及行车安全性开展分析和研究，提出对应的交通工程安全对策，指导工程交通安全设施设计，从而提高虎跳峡地下互通立交的整体运营安全水平。

3.1 线形设计指标分析

3.1.1 路段设计指标分析

虎跳峡地下互通路段的主要路线指标采用情况如表 3.1-1 所示。可以看出，其路线设计指标是符合现有标准规范要求的。

表 3.1-1　高速公路标准规定与虎跳峡地下互通段设计采用值

指标名称	单位	标准规定值		设计采用值
设计速度	km/h	100	80	80
路缘带宽度	m	0.5～0.75	0.5	0.5
右侧硬路肩宽度	m	1.5～3.0	1.5～3.0	2.5
左侧硬路肩宽度	m	0.75～1.0	0.75	0.75
土路肩宽度	m	0.75	0.75	0.75
行车道宽度	m	3.75	3.75	3.75
停车视距	m	160	110	110
直线最大长度	m	2 000	1 600	1 550.871
同向曲线间最小直线长度	m	600	480	498.48
反向曲线间最小直线长度	m	200	160	201.45
平曲线最小半径	m	最大超高 10%：360	最大超高 10%：220	722.64
		最大超高 8%：400	最大超高 8%：250	
		最大超高 6%：440	最大超高 6%：270	
		最大超高 4%：500	最大超高 4%：300	
		一般值：700	一般值：400	
		路拱≤2.0%：4 000	路拱≤2.0%：2 500	
		路拱>2.0%：5 250	路拱>2.0%：3 350	
平曲线最小长度	m	170～500	140～400	505.0
回旋线最小长度	m	85	70	125
最大纵坡及坡长	%/m	4/800	5/700	3.8/460、2.85/6 025

续表

指标名称	单位	标准规定值		设计采用值
最小纵坡	%	0.5	0.5	1
最小坡长	m	250	200	280
凸形竖曲线最小半径	m	6 500～10 000	3 000～4 500	13 000
凹形竖曲线最小半径	m	3 000～4 500	2 000～3 000	8 700
竖曲线最小长度	m	85～210	70～170	247.9

3.1.2 线形设计分析

香丽高速公路采用 80 km/h 设计速度，双向四车道。根据规范规定，隧道与前方匝道出口的最小间距为 300 m，入口与前方隧道之间最小间距为 80 m。虎跳峡地下互通采用了"半互通+C 形调头"的立体形式，共设 A、B、C 三条匝道，其形式如图 3.1-1 及图 3.1-2 所示。左右线结构物间距如图 3.1-3、图 3.1-4 所示。

图 3.1-1　彪水岩隧道至上长坪隧道间（含 A、B 匝道）

图 3.1-2　昌格洛隧道至彪水岩隧道间（含 C 匝道）

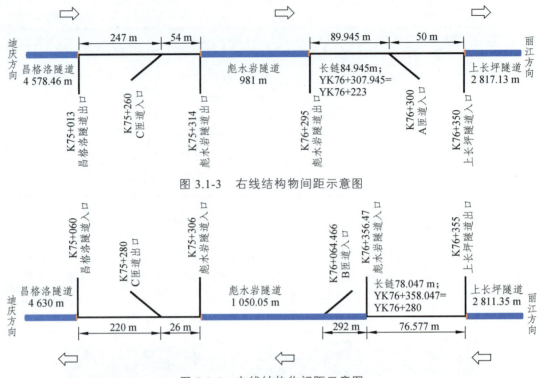

图 3.1-3　右线结构物间距示意图

图 3.1-4　左线结构物间距示意图

虎跳峡互通立交左右线各匝道出入口与隧道间距离均低于现行《公路路线设计规范》和《公路立体交叉设计细则》规定的最小值，应根据《公路立体交叉设计细则》5.4.5 条"3 当地形特别困难，不能满足上述净距要求而互通式立体交叉及其他设施必须设置时，应结合运行速度控制和隧道特殊结构设计等，提出完善的交通组织、管理和运行安全保障措施，经综合分析论证后确定设计方案"确定。

3.2　连续长下坡对虎跳峡互通的影响分析

3.2.1　路线指标分析

香丽高速公路虎跳峡地下互通段右线 YK48+415.78 ~ YK79+140 段为连续长下坡路段，坡段组成及坡差如表 3.2-1 所示，其纵断面如图 3.2-1 所示。

表 3.2-1　连续长下坡路段坡段组成及坡差分析

编号	设计桩号		坡度 /%	高差 /m	坡差 /%	坡长 /m
	起点	终点				
1	YK48+415.78	YK48+750	−1.150	3.843		334.22
2	YK48+750	YK49+875	−2.800	32.932	−1.65	1 176.13

续表

编号	设计桩号		坡度 /%	高差 /m	坡差 /%	坡长 /m
	起点	终点				
3	YK49+875	YK52+960	−2.286	70.525	0.514	3 085
4	YK52+960	YK58+580	−2.850	160.169	−0.564	5 620
5	YK58+580	YK60+530	−2.700	52.65	0.15	1 950
6	YK60+530	YK62+860	−2.900	67.57	−0.2	2 330
7	YK62+860	YK65+380	−2.700	68.04	0.2	2 520
8	YK65+380	YK67+180	−2.900	52.2	−0.2	1 800
9	YK67+180	YK70+100	−2.700	78.84	0.2	2 920
10	YK70+100	YK73+710	−2.900	104.69	−0.2	3 610
11	YK73+710	YK74+750	−2.700	28.08	0.2	1 040
12	YK74+750	YK75+920	−2.900	33.93	−0.2	1 170
13	YK75+920	YK76+720	−2.711	21.688	0.189	800
14	YK76+720	YK78+915	−2.900	65.167	−0.189	2 247.13
15	YK78+915	YK79+140	−1.500	3.375	1.4	225
平均	YK48+415.78	YK79+140	−2.746	834.699		30 724.22

根据纵坡坡段组成情况，该连续长下坡路段超出规范界定的连续长下坡阈值规定（《公路路线设计规范》JTG D20—2017，表 3.2-2），长度大于 20 km，相对高差 834.699 m，平均纵坡 2.746%。应进行交通安全评价，提出路段速度控制和通行管理方案，完善交通工程和安全措施，并论证增设货车强制停车区。

表 3.2-2 连续长、陡下坡的平均坡度与连续坡长

平均坡度/%	<2.5	2.5	3.0	3.5	4.0	4.5	5.0	5.5	6.0
连续坡长/km	不限	20.0	14.8	9.3	6.8	5.4	4.4	3.8	3.3
相对高差/m	不限	500	450	330	270	240	220	210	200

长大纵坡交通安全研究表明，坡长及平均坡度的乘积与事故的严重程度及发生频率相关性较大：当 $d \cdot p < 130$（其中：d 为长大纵坡总长度，m；p 为长大纵坡平均坡度，%）时，纵坡路段不会产生过度风险；当 $d \cdot p \geqslant 130$ 且 $p \geqslant 3\%$ 时，纵坡路段事故率开始随着 $d \cdot p$ 值的增加而增加。

虎跳峡地下互通段连续长下坡路段 $d \cdot p = 834.699 > 130$，虽然 $p = 2.746 < 3$，但鉴于坡长较长，桥隧相连，其间不仅设置有特殊形式的虎跳峡地下互通，而且坡底紧接金沙江大桥。因而，该连续长下坡路段存在较大的事故风险，应强化管理和安全保障设施设置。

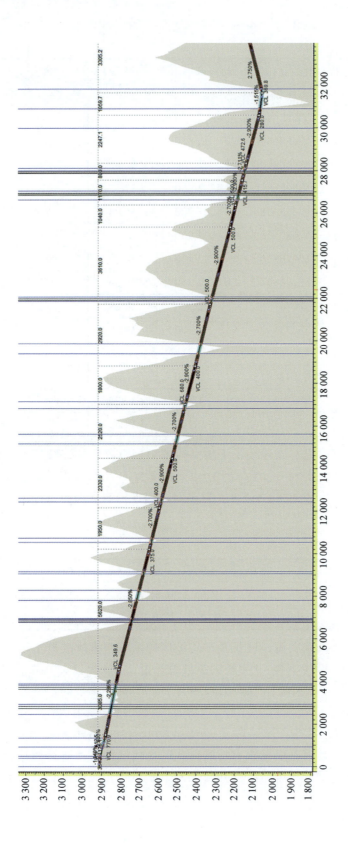

图 3.2-1　连续长下坡纵断面

3.2.2　货车制动器温度分析

连续长下坡路段，对行车安全影响最大的是货车在下坡过程中制动器性能急剧衰退或失灵导致的车辆失控，特别是近年来货物运输车辆大型化发展和超载现象仍然存在的情况下更为显著。评价采用世界道路协会（PIARC）推荐的货车制动器温升模型（GSRS 模型）对连续长下坡路段设计方案的安全性进行定量分析，以确定是否需要设置制动失效避险车道。GSRS 模型采用的设置制动失效避险车道的理论依据是：当制动器温度上升到 200 ℃ 时，货车制动性能开始受到影响；当制动器温度超过 260 ℃ 时，货车丧失紧急制动的能力。

1）货车下坡速度的确定

分析货车下坡过程中制动器温度变化情况，首先需要确定货车的下坡速度。本项目采用 80 km/h 设计速度建设标准，在分析制动器温度变化情况时，货车下坡速度取值 60 km/h。

2）货车代表总质量的确定

根据公路治超相关规定，确定用于分析连续长下坡路段制动器温度的货车代表总质量，如表 3.2-3 所示。

表 3.2-3　连续长下坡路段代表货车总质量

货车类型	代表总质量/t	超载 30%/t
2 轴车	18	23.4
3 轴车	27	35.1
4 轴车	36	46.8
5 轴车	43	55.9
6 轴车	49	63.7

3）货车制动器温度分析

为了验证连续长下坡路段货车的通行安全是否会导致虎跳峡地下互通立交段安全隐患，利用前述工况数据对货车制动器温度进行了分析。根据计算结果，连续长下坡路段货车制动器温度达到 200 ℃ 和 260 ℃ 的位置如图 3.2-2 所示。

不同车型制动受到影响（制动器温度超过 200 ℃）位置和制动失效（制动器温度超过 260 ℃）位置统计如表 3.2-4 所示。

综上可见，该连续长下坡路段，在不超载的情况下，尽管五轴和六轴货车制动器温度达到警戒值，导致制动受到影响，但各型货车均不会出现制动器失效的情况；而在超载状况下，四轴、五轴和六轴货车均会在下坡 14 km 后制动器温度达到 260 ℃，导致制动失效。

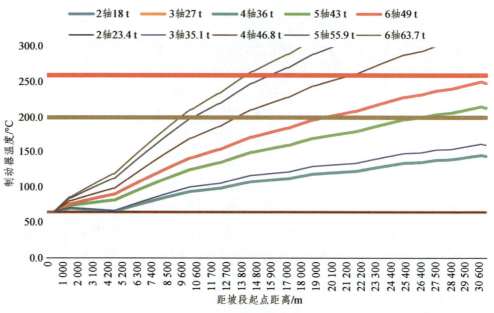

图 3.2-2　不同货车下坡制动器温度变化图

表 3.2-4　不同货车制动受到影响和失效位置统计表

车型	制动受到影响距起点位置/m	制动受到影响桩号	制动失效距起点位置/m	制动失效桩号
2 轴 18 t	—	—	—	—
3 轴 27 t	—	—	—	—
4 轴 36 t	—	—	—	—
5 轴 43 t	26 500	YK74+916	—	—
6 轴 49 t	19 600	YK68+016	—	—
2 轴 23.4 t	—	—	—	—
3 轴 35.1 t	—	—	—	—
4 轴 46.8 t	13 400	YK61+816	21 500	YK69+916
5 轴 55.9 t	10 300	YK58+716	15 800	YK64+216
6 轴 63.7 t	9 500	YK57+916	14 100	YK62+516

3.3　隧道群对虎跳峡地下互通的影响分析

　　虎跳峡地下互通路段处于连续长陡下坡路段，且桥隧比例很高，根据统计，隧道分布情况如表 3.3-1 所示，35.315 km 范围内左右线各分布隧道 14 座，其中特长隧道 2 座，长隧道 11 座，中隧道 1 座，隧道占路段比重均达到了 80%。

表 3.3-1 虎跳峡地下互通路段隧道一览表

编号	隧道名称	起点桩号	终点桩号	长度/m	间距/m
右线					
Y01	土官村隧道	YK49+700.00	YK50+785.00	1 085	—
Y02	园宝山隧道	YK52+280.00	YK55+155.00	2 875	1 495
Y03	红石哨村隧道	YK55+315.00	YK56+201.96	886.96	160
Y04	阿普洛隧道	YK56+648.04	YK57+404.96	756.92	446.08
Y05	阿黑洛隧道	YK57+525.00	YK58+908.21	1 383.21	120.04
Y06	排坝隧道	YK59+111.79	YK60+814.96	1 703.17	203.58
Y07	白岩子隧道	YK60+981.04	YK63+550.00	2 568.96	166.08
Y08	洼里别隧道	YK63+980.00	YK65+210.00	1 230	430
Y09	海巴洛隧道	YK65+495.00	YK67+757.00	2 262	285
Y10	上补洛隧道	YK68+233.00	YK70+255.46	1 992.46	476
Y11	昌格洛隧道	YK70+434.54	YK75+013.00	4 578.46	179.08
Y12	彪水岩隧道	YK75+314.00	YK76+295.00	981	301
Y13	上长坪隧道	YK76+351.00	YK79+115.00	2 816.13	140.945
Y14	开达古隧道	YK80+049.73	YK83+195.00	3 145.27	934.73
左线					
Z01	土官村隧道	ZK49+730.00	ZK50+850.00	1 120	—
Z02	园宝山隧道	ZK52+330.00	ZK55+155.00	2 825	1480
Z03	红石哨村隧道	ZK55+225.00	ZK56+185.00	960	70
Z04	阿普洛隧道	ZK56+633.04	ZK57+456.96	823.92	448.04
Z05	阿黑洛隧道	ZK57+553.04	ZK58+955.96	1 402.92	96.08
Z06	排坝隧道	ZK59+162.04	ZK60+865.00	1 702.96	206.08
Z07	白岩子隧道	ZK61+004.29	ZK63+557.00	2 552.71	139.29
Z08	洼里别隧道	ZK63+970.00	ZK65+228.96	1 258.96	413
Z09	海巴洛隧道	ZK65+505.04	ZK67+794.00	2 288.96	276.08
Z10	上补洛隧道	ZK68+225.00	ZK70+235.00	2 010	431
Z11	昌格洛隧道	ZK70+430.00	ZK75+060.00	4 630	195
Z12	彪水岩隧道	ZK75+306.00	ZK76+356.47	1 050.47	246
Z13	上长坪隧道	ZK76+365.00	ZK79+115.00	2 801.35	93.475
Z14	开达古隧道	ZK80+060.00	ZK83+205.00	3 145	945

隧道线形的不安全因素是交通事故诱发因素中最具隐蔽性的深层次因素。影响隧

道线形设计的因素有地形地貌、水文条件、公路走向等。一般来说隧道入口和出口路段要避免设计较长和坡度较大的纵坡。当前，隧道线形设计多采用直线形，这一方面是为了服从路线的总体布置和走向；另一方面直线线形减少了通风阻力，有利于隧道通风，同时直线线形施工难度较小。但直线隧道，在封闭条件下容易产生驾驶疲劳，在坡度较陡的情况下，容易因车速过快而引起交通事故。因此，在长大隧道中应该尽量避免长陡坡和连续的陡坡，长陡坡容易造成因车速加快导致的车辆追尾事故，而曲线隧道有助于控制隧道内车辆速度，提高驾驶员的注意力，而且能够比直线隧道更好地解决光过渡和眼睛的适应问题。

3.3.1　隧道线形

根据《公路隧道设计规范　第一册　土建工程》（JTG 3370.1—2018）的规定，当隧道线形为曲线时，不宜采用设超高和加宽的圆曲线。隧道平面线形需采用设超高的圆曲线时，其超高值不宜大于 4%。隧道内纵面线形应考虑行车安全、运营通风规模、施工作业和排水要求确定，最小纵坡不应小于 0.3%，最大纵坡不应大于 3%；受地形等条件限制时，高速公路、一级公路的中、短隧道，经技术经济论证、交通安全评价后，可适当加大，但不宜大于 4%；短于 100 m 的隧道可不受此项限制。

虎跳峡地下互通路段最小平曲线处采用的最大超高为 4%，因此隧道路段最大超高未超过 4%要求。其中园宝山隧道左线出口段和右线入口段曲线超高为 4%。

3.3.2　隧道间距

根据标准规定，洞口之间小于 6 s 设计速度行程长度的相邻隧道，应系统考虑通风、照明、安全、管理设施及防灾、救援等进行整体设计。虎跳峡地下互通路段 6 s 设计速度行程长度为 133.3 m。

根据现行《公路隧道设计细则》的规定，当两座或两座以上隧道相邻洞口之间的距离小于表 3.3-2 的规定时，可按隧道群进行设计。

（1）当隧道长度小于 250 m，相邻隧道洞口纵向间距小于 100 m 时，各设计速度下均按隧道群考虑。

（2）隧道群应整体考虑其平、纵线形技术指标。

（3）当隧道群内洞口间距大于 5 s 设计速度行程长度时，应符合洞门前后平纵面线形一致的原则。本项目 5 s 设计速度行程长度为 111.1 m。

（4）当隧道群内洞口间距小于 5 s 设计速度行程长度时，应分析洞口间距对照明的相互影响。

（5）当隧道群内洞口间距小于 50 m 时，应分析洞口间距对通风的相互影响。

（6）对于高等级公路，当洞口间距小于 50 m 时，宜设置遮光棚。

表 3.3-2　隧道洞口纵向间距规定

设计速度/（km/h）	120	100	80	60	40	30	20
相邻隧道洞口纵向间距/m	300	250	200	160	140	100	70

虎跳峡地下互通路段右线阿普洛隧道与阿黑洛隧道、左线园宝山隧道与红石哨村隧道、阿普洛隧道与阿黑洛隧道、彪水岩隧道与上长坪隧道，洞口间距小于 6 s 设计速度行程长度，应系统考虑通风、照明、安全、管理设施及防灾、救援等进行整体设计。其中，左线园宝山隧道与红石哨村隧道、阿普洛隧道与阿黑洛隧道、彪水岩隧道与上长坪隧道，洞口间距小于 5 s 设计速度行程长度，应符合洞门前后平纵面线形一致的原则，并应分析洞口间距与照明的相互影响。

3.3.3　洞口线形一致性

根据现行《公路项目安全性评价规范》的要求，洞口内外至少 3 s 运行速度行程长度范围的线形应保持一致，同时洞口的停车视距需确保满足。按照设计速度 80 km/h 要求，3 s 运行速度行程长度为 66.7 m。路线规范规定，隧道洞口的纵面线形宜采用直线坡段，需设置竖曲线时，宜采用较大的竖曲线半径。该规定对隧道纵面一致性作了要求，按此要求对隧道洞口一致性进行分析，虎跳峡地下互通段全线隧道洞口均满足线形一致性要求。一致性分析如表 3.3-3 所列。

表 3.3-3　隧道洞口线形一致性分析

隧道名称		入洞口外/内		出洞口内/外	
		一致性	一致线形长度/m	一致性	一致线形长度/m
土官村隧道	右线	一致	>66.7 m/>66.7 m	一致	>66.7 m/>66.7 m
	左线	一致	>66.7 m/>66.7 m	一致	>66.7 m/>66.7 m
园宝山隧道	右线	一致	>66.7 m/>66.7 m	一致	>66.7 m/>66.7 m
	左线	一致	>66.7 m/>66.7 m	一致	>66.7 m/>66.7 m
红石哨村隧道	右线	一致	>66.7 m/>66.7 m	一致	>66.7 m/>66.7 m
	左线	一致	>66.7 m/>66.7 m	一致	>66.7 m/>66.7 m
阿普洛隧道	右线	一致	>66.7 m/>66.7 m	一致	>66.7 m/>66.7 m
	左线	一致	>66.7 m/>66.7 m	一致	>66.7 m/>66.7 m
阿黑洛隧道	右线	一致	>66.7 m/>66.7 m	一致	>66.7 m/>66.7 m
	左线	一致	>66.7 m/>66.7 m	一致	>66.7 m/>66.7 m
排坝隧道	右线	一致	>66.7 m/>66.7 m	一致	>66.7 m/>66.7 m
	左线	一致	>66.7 m/>66.7 m	一致	>66.7 m/>66.7 m
白岩子隧道	右线	一致	>66.7 m/>66.7 m	一致	>66.7 m/>66.7 m
	左线	一致	>66.7 m/>66.7 m	一致	>66.7 m/>66.7 m

续表

隧道名称		入洞口外/内		出洞口内/外	
		一致性	一致线形长度/m	一致性	一致线形长度/m
洼里别隧道	右线	一致	>66.7 m/>66.7 m	一致	>66.7 m/>66.7 m
	左线	一致	>66.7 m/>66.7 m	一致	>66.7 m/>66.7 m
海巴洛隧道	右线	一致	>66.7 m/>66.7 m	一致	>66.7 m/>66.7 m
	左线	一致	>66.7 m/>66.7 m	一致	>66.7 m/>66.7 m
上补洛隧道	右线	一致	>66.7 m/>66.7 m	一致	>66.7 m/>66.7 m
	左线	一致	>66.7 m/>66.7 m	一致	>66.7 m/>66.7 m
昌格洛隧道	右线	一致	>66.7 m/>66.7 m	一致	>66.7 m/>66.7 m
	左线	一致	>66.7 m/>66.7 m	一致	>66.7 m/>66.7 m
彪水岩隧道	右线	一致	>66.7 m/>66.7 m	一致	>66.7 m/>66.7 m
	左线	一致	>66.7 m/>66.7 m	一致	>66.7 m/>66.7 m
上长坪隧道	右线	一致	>66.7 m/>66.7 m	一致	>66.7 m/>66.7 m
	左线	一致	>66.7 m/>66.7 m	一致	>66.7 m/>66.7 m
开达古隧道	右线	一致	>66.7 m/>66.7 m	一致	>66.7 m/>66.7 m
	左线	一致	>66.7 m/>66.7 m	一致	>66.7 m/>66.7 m

3.3.4　隧道横断面及视距

虎跳峡地下互通路段隧道净宽 10.25 m（0.75+0.50+2×3.75+0.75+0.75），建筑限界净高 5.0 m。由于小客车视野较差，且运行速度高于大货车，采用小客车作为评价对象。

左侧横净距为 0.75+0.5+3.75/2=3.125 m。

右侧横净距为 3.75/2+0.75+0.75=3.375 m。

按照设计速度 80 km/h 计算，满足左侧视距的最小平曲线半径为 490 m，满足右侧视距的最小平曲线半径为 450 m。全线隧道均满足设计速度视距要求。

3.3.5　洞口朝向

隧道洞口朝向与洞门形式的设置合理与否会直接或间接地影响隧道的运营安全性。隧道设计采用的洞门形式、洞口朝向应有利于隧道洞口的自然减光和节能减排。洞口的朝向宜避免阳光直射引起炫目和"白洞效应"。当隧道洞口朝向东西方向时，在日出和日落时间段内，隧道洞口易受到阳光直射，"白洞效应"严重，无法看清前面的事物，从而干扰驾驶人安全行车。本项目隧道洞口朝向及形式如表 3.3-4 所列。

虎跳峡地下互通路段土官村隧道、园宝山隧道、阿黑洛隧道、排坝隧道、洼里别隧道、上补洛隧道、昌格洛隧道、彪水岩隧道，右线入洞口设置为正南朝向，中午时分，入洞口"黑洞效应"显著。园宝山隧道右线出洞口设置为东朝向，早晨阳光直射，易造成"白洞效应"。建议以上隧道通过遮光棚或路侧高大植被等措施加强出入洞口处光照过渡设计，降低"黑白洞效应"对安全的影响。

表3.3-4 隧道洞口朝向

隧道名称	右线，隧道入口/出口	左线，隧道入口/出口
土官村隧道	南/东南	西北/北
园宝山隧道	南/东	西/北
红石哨村隧道	东/东南	西北/西
阿普洛隧道	东南/南	北/西北
阿黑洛隧道	南/南	北/北
排坝隧道	南/东南	西北/北
白岩子隧道	东南/东南	西北/西北
洼里别隧道	南/南	北/北
海巴洛隧道	东南/东南	西北/西北
上补洛隧道	南/南	北/北
昌格洛隧道	南/南	北/北
彪水岩隧道	南/东南	西北/北
上长坪隧道	东南/东南	西北/西北
开达古隧道	东南/南	北/西北

3.4 行车安全研究

3.4.1 隧道内交通冲突分析

由于虎跳峡互通彪水岩隧道双向出入洞口均存在匝道连接，内侧最外侧车道为辅助车道，导致：

1）主线右线

主线前往虎跳峡车辆与 C 匝道合流来的欲驶入主线前往丽江方向车辆在隧道内存在交织。

2）主线左线

经 B 匝道由虎跳峡驶入主线前往迪庆方向车辆，与主线欲于 C 匝道驶出调头或前往虎跳峡方向车辆在隧道内存在交织。

虎跳峡地下互通交通流交织如图 3.4-1 所示。

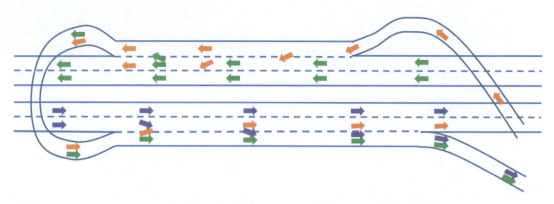

图 3.4-1 虎跳峡地下互通交通流交织示意图

3.4.2 车辆引导有效性分析

1）迪庆往虎跳峡方向车辆

右线迪庆前往虎跳峡车辆在驶出昌格洛隧道后，C 匝道合流前有合流提示标志，合流区右侧单悬臂设置了 G214 虎跳峡出口 1 km 预告标志；然后进入彪水岩隧道，在隧道内设置有虎跳峡 500 m 出口预告标志，采用的是附着式悬挂于隧道顶部；出彪水岩隧道后即看到出口行动点标志；然后出口处设置了信息确认标志。迪庆至虎跳峡车辆行车引导设施如图 3.4-2 所示。

针对迪庆往虎跳峡方向车辆的信息引导基本连贯，除未因前方处于昌格洛隧道内，未设置出口 2 km 预告标志外，其他引导信息基本满足规范要求。

2）丽江往虎跳峡方向车辆

由丽江前往虎跳峡车辆，驶出上长坪隧道后，看到"虎跳峡/G214" 1 km 出口预告标志，然后进入彪水岩隧道，在隧道内顶部先后设置有虎跳峡 500 m 出口预告标志、虎跳峡出口行动点标志，出彪水岩隧道后即需由 C 匝道驶出，C 匝道出口物理弊端设置左侧指示"土官村、香格里拉"方向，右侧指示"虎跳峡、丽江"方向；经 C 匝道驶入主线右幅后，首先路侧设置了"虎跳峡/G214" 1 km 出口预告标志，然后驶入彪水岩隧道，隧道内顶部设置了虎跳峡 500 m 出口预告标志；驶出隧道后，看到"虎跳峡/G214"出口行动点标志，并在 A 匝道出口弊端设置了左侧指示"松园桥、丽江"，右侧指示"虎跳峡/G214"。丽江至虎跳峡车辆行车引导设施如图 3.4-3 所示。

针对该方向车辆现有标志设计存在风险包括：

（1）左幅 C 匝道出口缺少 2 km 预告标志。

（2）彪水岩隧道内 B 匝道入口前缺少合流警告标志。

（3）左幅 C 匝道出口弊端处"虎跳峡、丽江"指示信息中"丽江"信息为首次出现，容易引起驾驶员迷惑。

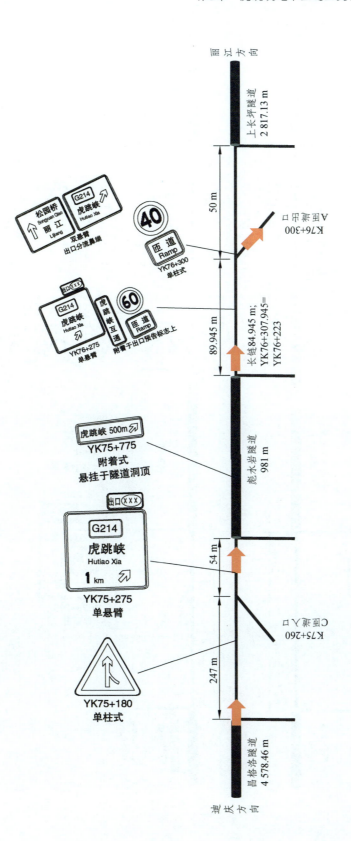

图 3.4-2 迪庆至虎跳峡车辆行车引导设施

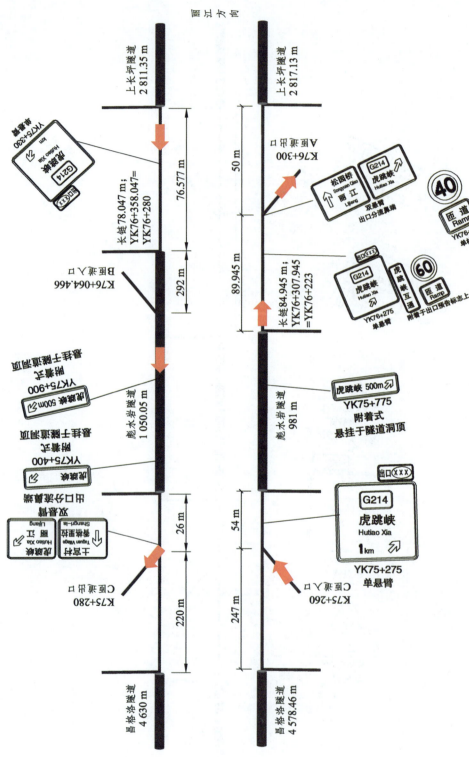

图 3.4-3 丽江至虎跳峡车辆行车引导设施

（4）驾驶员经过主线左幅引导信息由 C 匝道驶出，调头回到主线右幅后，再次看到一套出口信息引导标志，容易产生迷惑。

3）虎跳峡往迪庆方向车辆

虎跳峡互通往迪庆方向车辆，车辆由 B 匝道在彪水岩隧道左幅内驶入主线，先后看到设置于隧道顶部的虎跳峡 500 m 出口标志、虎跳峡出口行动点标志；驶出隧道后，看到设置于匝道物理弊端的左侧指示"土官村、香格里拉"方向，右侧指示"虎跳峡、丽江"方向标志。虎跳峡至迪庆车辆行车引导设施如图 3.4-4 所示。

存在的安全隐患在于：车辆驶入主线后看到虎跳峡出口预告标志可能会感到迷惑，需要引导其尽快并入左侧两车道。

4）虎跳峡往丽江方向车辆

由虎跳峡出发拟前往丽江方向车辆，需要由 B 匝道先驶入主线左幅，然后经 C 匝道调头驶入主线右幅后，进入主线。虎跳峡至丽江车辆行车引导设施如图 3.4-5 所示。

存在问题在于：在左幅 C 匝道物理弊端处才首次看到丽江信息，调头至右幅后直至 A 匝道出口物理弊端才看到直行方向的丽江信息。

3.4.3　行车安全驾驶模拟实验研究

根据实验目的共设置了 4 组实验场景，各场景的设置及实验结果如下：

1）迪庆至虎跳峡方向

场景一为迪庆至虎跳峡，即驾驶人起点位于香丽高速主线右幅昌格洛隧道入口前外侧车道，其目的地是虎跳峡，行车场景为驾车通过昌格洛隧道，然后与虎跳峡互通 C 匝道驶入主线车辆交织，之后进入彪水岩隧道，在彪水岩隧道出口处沿 A 匝道驶出主线，在 A 匝道上行驶 100 m 后停车。

场景一驾驶人沿线所经环境如图 3.4-6 所示：

场景一驾驶模拟实验初步结果发现：

（1）驾驶人在彪水岩隧道前 C 匝道入口处与 C 匝道驶入车辆存在交织，当 C 匝道有车辆驶入时，驾驶人会有适当的减速行为。

（2）驾驶人在彪水岩隧道内并不会提前更换至外侧辅助车道，直至彪水岩出口处才会并入最外侧车道，且在驶入 A 匝道时有减速行为。

2）丽江至虎跳峡方向

场景二为丽江至虎跳峡，即驾驶人起点位于香丽高速主线左幅上长坪隧道入口前外侧车道，其目的地是虎跳峡，行车场景为驾车通过上长坪隧道，然后进入彪水岩隧道，在隧道内与 B 匝道汇入主线车辆交织，驶出彪水岩隧道后沿 C 匝道驶入香丽高速公路右幅主线，穿过彪水岩隧道后，沿 A 匝道驶出，在 A 匝道上行驶 100 m 后停车。

场景二驾驶人沿线所经环境如图 3.4-7 所示：

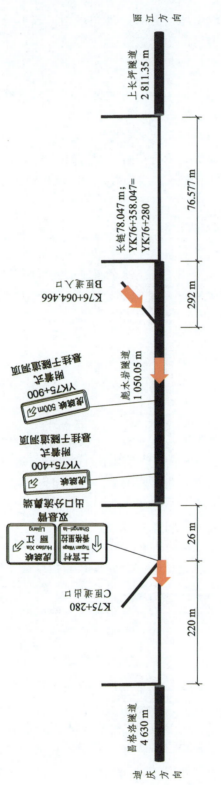

图 3.4-4　虎跳峡至迪庆车辆行车引导设施

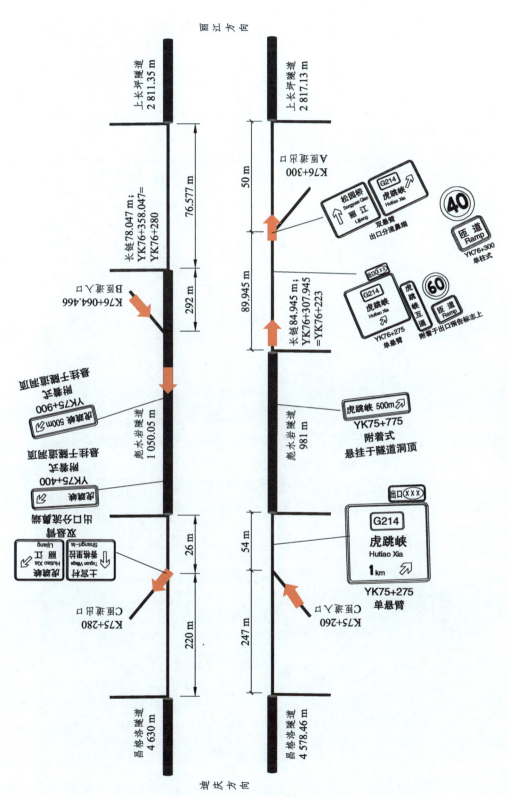

图 3.4-5　虎跳峡至丽江车辆行车引导设施

图 3.4-6　迪庆至虎跳峡行车沿线场景

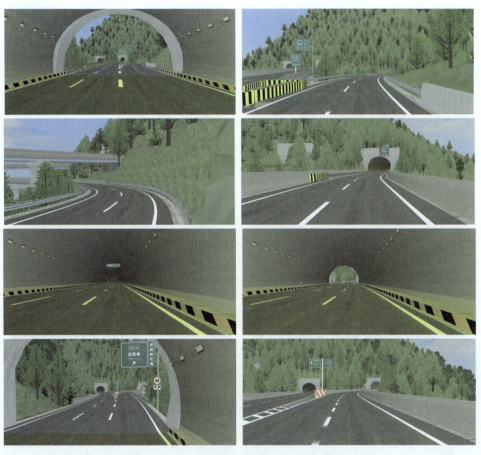

图 3.4-7　丽江至虎跳峡行车沿线场景

场景二驾驶模拟实验初步结果发现：

（1）驾驶人在彪水岩隧道内 B 匝道合流处与合流车辆存在交织，会有减速避让行为发生。

（2）驾驶人在彪水岩隧道内并不会提前更换至外侧辅助车道，直至彪水岩出口后方才确认并入最外侧车道，驶入 C 匝道。

（3）驾驶人经由 C 匝道驶入主线右幅时存在减速行为，且基本保持最右侧行驶，直至彪水岩隧道出口驶入 A 匝道。

（4）驾驶人对连续指示两个虎跳峡出口存在疑惑。

3）虎跳峡至迪庆方向

场景三为虎跳峡至迪庆，即驾驶人起点位于虎跳峡互通 B 匝道上，彪水岩隧道入口前 1.5 km 位置，其目的地是迪庆，行车场景为驾车通过 B 匝道当前隧道，驶出至上长坪隧道和彪水岩隧道间，然后进入彪水岩隧道，在隧道内汇入主线，并向香丽高速公路主线内侧并线，穿过彪水岩隧道后，继续行驶，驶入昌格洛隧道后停车。

场景三驾驶人沿线所经环境如图 3.4-8 所示：

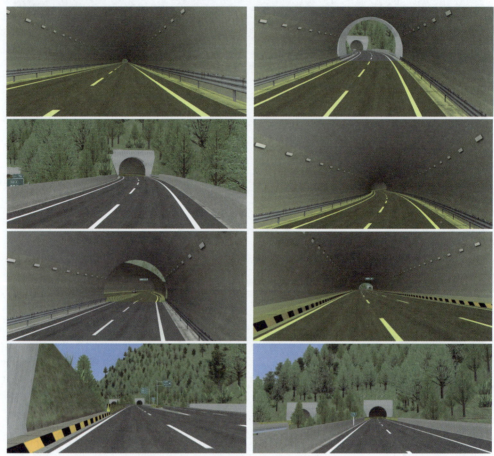

图 3.4-8 虎跳峡至迪庆行车沿线场景

场景三驾驶模拟实验初步结果发现：

多数驾驶人在彪水岩隧道内合流后不会尽快变道至内侧车道，而是行驶至彪水岩隧道出口处方开始向左并线。

4）虎跳峡至丽江方向

场景三为虎跳峡至丽江，即驾驶人起点位于虎跳峡互通 B 匝道上，彪水岩隧道入口前 1.5 km 位置，其目的地是丽江，行车场景为驾车通过 B 匝道当前隧道，驶出至上长坪隧道和彪水岩隧道间，然后进入彪水岩隧道，在隧道内行驶，穿过彪水岩隧道后由 C 匝道驶出，并汇入香丽高速公路主线右幅，并线至内侧车道后继续行驶，穿过彪水岩隧道后，继续行驶至上长坪隧道内停车。

场景四驾驶人沿线所经环境如图 3.4-9 所示：

场景四驾驶模拟实验初步结果发现：

（1）驾驶人经 B 匝道在彪水岩隧道内合流后不会变道至内侧车道，而是沿彪水岩隧道内最外侧车道行驶，并在左幅彪水岩隧道出口处驶入 C 匝道。

（2）多数驾驶人由 C 匝道驶入香丽高速主线右幅后不会马上向左侧并道，而是在彪水岩隧道右幅最外侧车道行驶，直至彪水岩隧道右幅出口处方开始向左并线。

图 3.4-9　虎跳峡至丽江行车沿线场景

3.5 安全保障措施建议

针对虎跳峡互通独特的线形形式所存在的交通冲突分析和交通流引导所面临的问题，结合行车安全驾驶模拟仿真实验结果，提出如下安全保障措施建议：

（1）结合该互通前后路段情况进行综合速度管理和监控，确保该路段主线交通流速度在合理区间内运行。

（2）虎跳峡互通范围内采取车道管理措施，尽量避免各方向交通流之间的冲突。

（3）将左幅彪水岩隧道前的"虎跳峡/G214"1 km 出口预告标志调整为清晰明确的图形化标志，并在 B 匝道隧道入口前增设清晰明确的图形化标志。

（4）隧道内交通标志建议采用自发光等类型标志以提高其视认性，如图 3.5-1。

图 3.5-1 自发光交通标志示意图

（5）双向分别增设出口 1.5 km 标志，并建议于右线昌格洛隧道入口前、左线上长坪隧道入口前设置虎跳峡出口预告信息。

（6）左线 B 匝道入口前设置醒目的合流警告标志。

（7）彪水岩隧道内双向设置分车道指引标志。

（8）采取路面设置箭头、文字标记等措施让双向主线前往虎跳峡方向车辆尽早换道至外侧车道，文字标识可考虑一行书写 2～3 个文字。

（9）在采取路面标记等方式保证进入彪水岩隧道时最左侧车道车辆全部为直行车辆的情况下，在该隧道内标线。

（10）最左侧车道和中间车道间采用白虚线，禁止最左侧车辆向右换道。

（11）中间车道与最右侧车道间采用三三线。

（12）在保障路面摩擦系数的同时，可探讨彪水岩隧道最右侧车道采用薄层铺装，以区分其辅助车道功能。

第 4 章
地下互通立交隧道关键节点施工安全保障技术研究

本章结合室内试验、现场实测、理论研究、计算分析等手段，对隧道围岩的基本力学性质、围岩松动圈范围与破坏机理、围岩压力、合理的设计计算方法、合理断面形式与施工工法、合理的支护形式与支护参数等开展系统而深入的研究。项目研究为大断面分岔交叠隧道的施工工艺、施工参数和设计参数的优化以及合理的设计计算理论等提供坚实的理论基础，对降低隧道工程造价、预防隧道塌方事故、确保大断面隧道的围岩稳定性、控制隧道施工安全等具有重要意义。

4.1 虎跳峡彪水岩工程情况分析

4.1.1 工程地质情况

隧道处主要受滇藏歹字形构造体系影响。东侧以断裂 F6（常称金沙江大断裂或玉龙雪山西坡断裂）为界，西盘北推东盘南压，在弧形顶端的北段，东坡向南西方推压，二叠系玄武岩逆推在三叠系各组之上，属压扭性断裂，绕过弧形顶端的南段，东盘下降，两侧的三叠系缺失较多，张扭性质十分明显。区内褶皱紧密，呈弧形线状，断裂发育，规模大，长达数十千米，褶皱与断裂的方向一致，走向 340°。西侧是以冲江河（F4）断裂为界，倾向西、倾角 70° 的逆断层西盘上升向北推东压，二叠系玄武岩盖于三叠系之上，东盘向南下降移动，断面向西倾的顺时针方向扭动的压扭性结构面。

根据地质调查、钻探揭露结果，该隧道区段范围内分布地层为第四系坡残积层（Q_4^{dl+el}），下伏基岩为三叠系中统（T_2）板岩、灰岩。

4.1.2 水文地质情况

隧道区内无地表水。雨季时节，大气降水顺山坡向沟谷低洼处汇集，水量受区内降雨及季节性影响较大，区域属金沙江水系。

隧道区段地下水为第四系孔隙水类型及基岩裂隙水类型。第四系孔隙水多赋存于第四系松散土体中，以潜水形式出现，水量甚微；基岩裂隙水赋存于下伏基岩裂隙中，主要受大气降雨补给。

4.1.3 主要技术指标

根据本项目的工程可行性研究报告和《公路工程技术标准》JTG B0—2014，结合项目在国家路网中的功能、作用及沿线国民经济和社会经济发展的需要，对于主线隧道一般段采用两车道衬砌断面方案，而对于主线隧道存在交通流交织的对应段均增设一个行车道，采用三车道断面隧道方案，增加交通通行能力和行车视野，设计速度80 km/h，桥涵设计汽车荷载等级采用公路—Ⅰ级，其他技术指标按《公路工程技术标准》JTG B01—2014 执行。

4.1.4 隧道设计参数

彭水岩隧道左线起讫里程 ZK75+314～ZK76+356.047，长 1042.047 m；右线起讫里程 K75+314～K76+295，全部长度为 981 m。隧道进口端左右线与 C 匝道并线，洞口为大跨度隧道，隧道右线出口与 A 匝道并线，仍为大跨度隧道；左线出口为双车道隧道。

B 匝道 BZK0+805～BZK0+815 段（10 m）为 SZ 型，刚开始的隧道宽度为 10.6 m；当开挖隧道至中间断面时，隧道宽度为 10.6 m；BZK0+879～BZK1+053.822 段（174.822 m）为 SZ-2（Ⅴ级深埋）型，隧道宽度为 10.6 m；BZK1+053.822～BZK1+081.413 段（27.591 m）为 SZX（中岩柱间距在 6～12 m 的小净距段）型，隧道宽度为 10.6 m；BZK1+081.413～BZK1+098.413 段（17 m）为 SX（与主线中岩柱间距在 2.81～6 m 的极小净距段）型，隧道宽度为 10.6 m；BZK1+098.413～BZK1+113.413 段（15 m）为 SL（与主线形成连拱段）型，隧道宽度为 10.6 m。

各段隧道纵向分布如图 4.1-1～图 4.1-4 所示。

4.2 虎跳峡彭水岩大断面隧道荷载分布与计算方法研究

4.2.1 大断面分岔隧道稳定性分析

分岔隧道在诸多方面都与普通隧道有着不同，尤其是因为隧道形式和其净距变化而产生的一系列影响，这是其他隧道所没有的。在分岔隧道中，因为隧道净距随着隧道纵向而变化，按照隧道断面形式与隧道之间的间距，可以分为大断面隧道、连拱隧道，小净距隧道。由于大断面、连拱、小净距公路隧道跨度较大、结构规则性差、受力条件复杂，施工时诸多工序相互影响大，围岩失稳和衬砌结构开裂及破坏现象极易发生，因此除常规的设计、验算之外，还须进行充分的科研技术论证。大断面过渡至连拱隧道以及连拱过渡至小净距的施工力学响应、工法及工序转换的合理性也需深入研究，确保隧道的施工安全性。

4.2.1.1 隧道围岩张拉应变范围的判定

丁文其、杨林德等的研究表明：岩体的抗压性能强，在力的作用下一般发生张拉、剪切或者拉剪破坏。对于岩体隧道地下工程，由于洞周的开挖，应力释放，可以用最大拉应变准则判别围岩破坏。工程岩体破坏可以用拉应变是否超过岩体的临界拉应变值判断。因此可以根据数值计算得到洞周围岩的最大张应变值来得到岩体的破坏范围。T.R.Stacry 给出了不同类型岩石的临界拉应变值，如表 4.2-1。

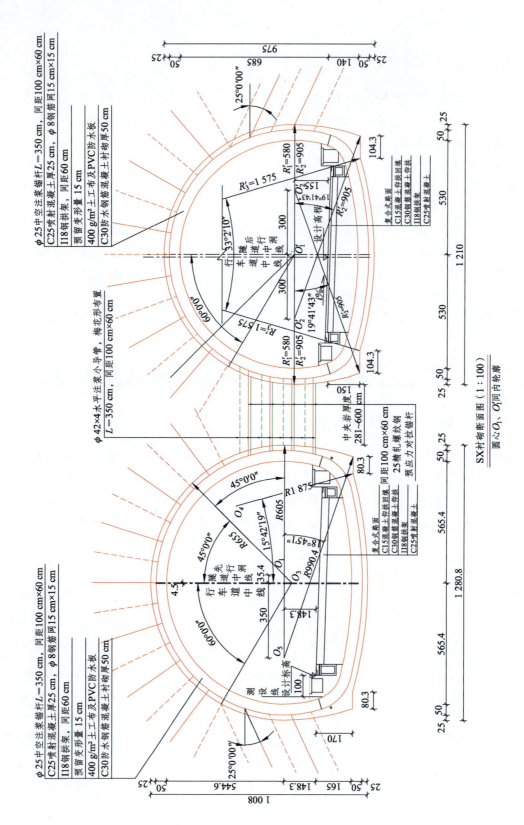

图 4.1-1　连拱隧道纵向分布示意图（单位：cm）

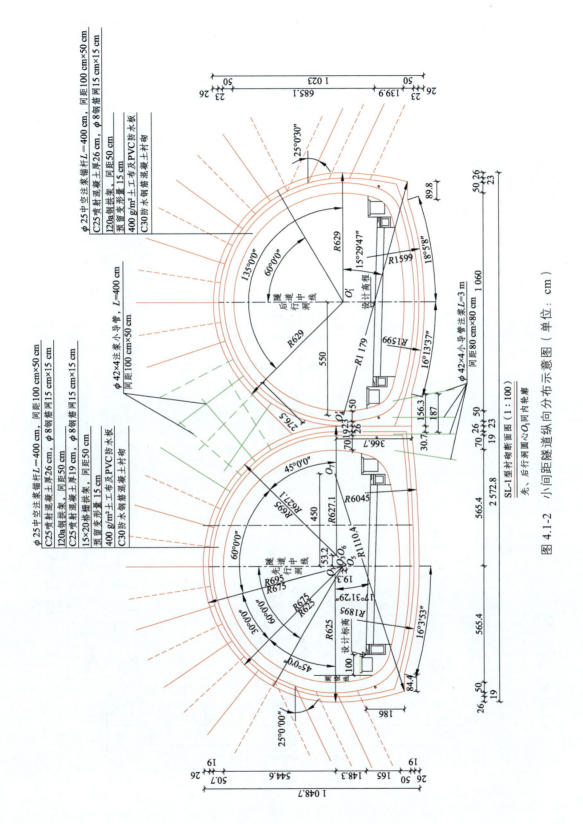

图 4.1-2 小间距隧道纵向分布示意图（单位：cm）

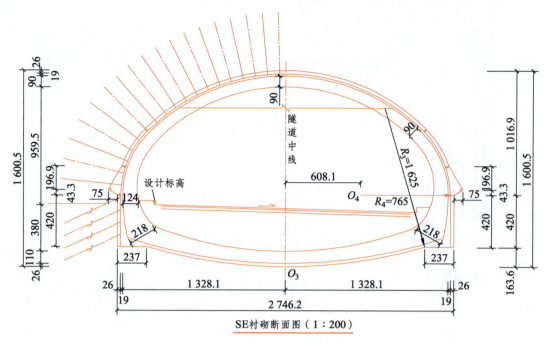

图 4.1-3　SE 隧道纵向分布示意图（单位：cm）

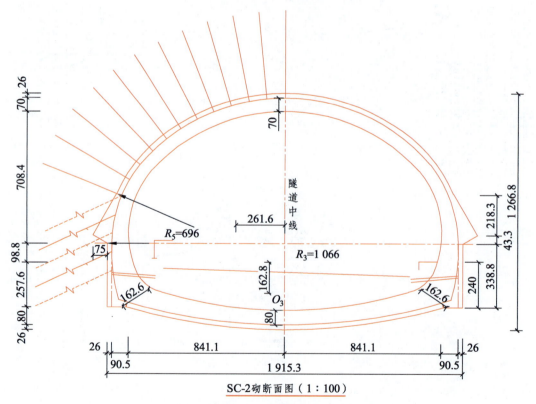

图 4.1-4　SC 隧道纵向分布示意图（单位：cm）

表 4.2-1　完整脆性岩石的临界拉应变值（T.R.Stacry，1986）

岩石类型	临界拉应变值/‰
花岗岩	0.25
玄武岩、辉绿岩、辉长岩、粗玄岩	0.30
石英砾岩	0.16
石英岩、石英砂岩	0.20

测定围岩的极限张应变值是一个困难的任务，有待进一步研究。目前情况下，设计研究中拟暂将其取为岩石的单轴抗拉强度与弹性模量的比值。根据杨林德、丁文其的方法，计算出岩石的允许拉应变值，即：

$$\varepsilon = \frac{R_{拉}}{EK} \qquad\qquad (4.2\text{-}1)$$

式中：E 为弹性模量（MPa）；K 为安全系数；$R_{拉}$ 为岩石的单轴抗拉强度（MPa）。

由此计算出本项目围岩的张拉应允许值为 1.5‰。

4.2.1.2　三维数值模型建立

本研究基于云南一典型分岔隧道数据进行建模，建模所用软件为 ABAQUS 有限元分析软件。选取分岔隧道分岔段进行三维建模，选取的隧道总共分为三段，小间距隧道的模拟截取长度为 60 m，当长度为 60 m 时，两小间距的隧道的净间距与隧道的跨径相等。围岩级别为Ⅳ级；两隧道中左洞为直线，右洞为倾斜 12°的直线形隧道。

建模资料如下：

隧道左线与 B 匝道并线部分自小里程至大里程为大跨度（SE 型）→连拱（SL 型）→小净距（SX、SZX、SAX 型）→分离式平面线型，呈 Y 形分叉形状。Ⅳ级围岩：多呈中风化，块石碎块状，受构造影响，节理微发育，岩体较完整，岩质软，呈块（石）碎（石）状碎裂结构；Ⅳ~Ⅴ级围岩：全—强风化，角砾碎石状，少量土状，节理裂隙发育，岩体破碎，岩质极软，呈角（砾）碎（石）状松散结构，围岩易坍，处理不当会出大坍塌，侧壁经常出现小坍塌。综合地质勘查资料与隧道断面形式分布，选取其中一段进行三维建模，模型参数如下：

如图 4.2-1 所示，建模区域为高 200 m、宽 200 m、纵向长度为 130 m。其中：大跨度隧道的跨度为 27.46 m，长度为 40 m；连拱隧道的左幅隧道跨径为 13.2 m，右幅隧道跨径为 12.6 m，长度均为 15 m；小间距隧道的左幅隧道跨度为 12.8 m，右幅隧道的跨度为 12.6 m，长度为 45 m。平面图如图 4.2-1 所示。根据地质资料参数选取如下：γ =25 kN/m³，ϕ =38°，c=0.5 MPa，E=4 GPa，μ=0.3，埋深为 100 m。

分岔隧道的开挖顺序如图 4.2-2 所示。

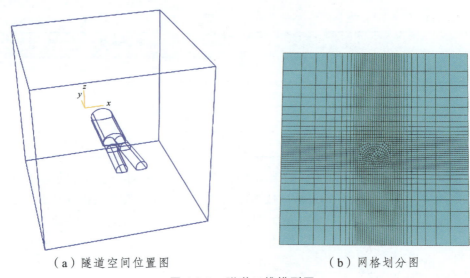

（a）隧道空间位置图　　　　　（b）网格划分图

图 4.2-1　隧道三维模型图

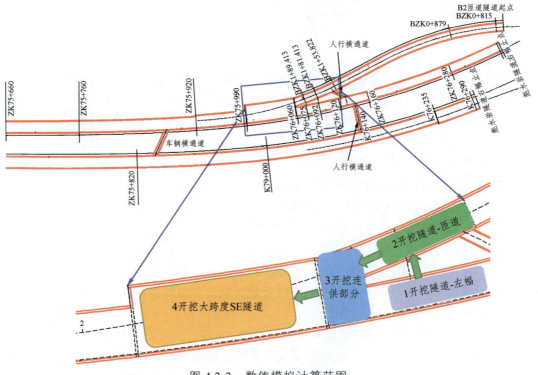

图 4.2-2　数值模拟计算范围

4.2.2　大断面分岔隧道荷载分布规律研究

4.2.2.1　隧道正上方压力拱内外边界数值分析判断方法

研究采用 ABAQUS 有限元程序进行计算，材料模型选用 Mohr-Coulomb（莫尔-库包）模型，三维数值模拟计算未考虑支护结构对松动范围的影响。围岩内边界的判别方法采用：在隧道正上方围岩水平应力增大区，如果隧道壁附近不存在水平应力减小区，则隧道壁就是该区压力拱的边界，围岩没有塌落。如果隧道附近存在水平应力减小区，则以水平应力减小量达到一定程度的等势线作为压力拱内边界。不考虑安全系数的情况下则水平应力未发生增减的线（或面）作为压力拱的内边界，即将水平应力增大的区域认为是压力拱的成拱区域。

4.2.2.2　隧道正上方压力拱内边界定量计算

本次研究以水平应力减少 23.8% 作为隧道压力拱内边界的判断依据。根据上文的三维模型进行分步开挖计算，根据岩石力学的计算规则，需要对 ABAQUS 输出的压应力进行处理，对其最小主应力乘以负一得到表 4.2-2 的结果。

表 4.2-2　彪水岩左幅隧道拱顶方向水平应力变化情况

距拱顶高度/m	开挖前水平应力/Pa	水平应力增加量/Pa	水平应力增加百分比
0	1.23×10^6	5.78×10^4	4.7%
1.14	1.22×10^6	1.71×10^5	14.0%
2.29	1.21×10^6	2.34×10^5	19.4%
3.83	1.19×10^6	3.17×10^5	26.6%
4.57	1.18×10^6	3.31×10^5	28.2%
5.72	1.16×10^6	3.09×10^5	26.6%

在两隧道的净间距相距 12 m 时，对内边界处对应的水平方向的应力增加百分比进行计算，取水平应力减少 23.8% 为隧道压力拱内边界的判断依据可知，其边界位于 2.29 ~ 3.83 m，对其进行插值处理后，得到左边隧道开挖后，其压力拱内边界为 3.18 m。对 B 匝道隧道进行类似的处理方式，得到 B 匝道水平应力变化情况如表 4.2-2 所示。

表 4.2-3　B 匝道隧道拱顶方向水平应力变化情况

距拱顶高度/m	开挖前水平应力/Pa	水平应力增加量/Pa	水平应力增加百分比
0	1.27×10^6	-3.63×10^4	-2.9%
1.14	1.23×10^6	1.37×10^5	11.2%
2.29	1.20×10^6	2.35×10^5	19.6%
3.93	1.16×10^6	3.40×10^5	29.2%
4.57	1.13×10^6	3.31×10^5	29.3%
5.72	1.11×10^6	3.11×10^5	28.1%

从表 4.2-3 中可以计算出 B 匝道隧道的压力拱内边界高度为 3.37 m，采用同样的方

法计算两隧道间距为 6 m 时，彪水岩左幅隧道与 B 匝道隧道压力拱的高度分别为 3.23 m、5.92 m，当两隧道的间距为 3 m 时，彪水岩左幅隧道与 B 匝道隧道压力拱的高度分别为 3.23 m 与 8.48 m；当开挖至连拱隧道时，提取隧道内部的水平应力值得到连拱部分的塌落拱高度为 10.34 m，这是因为连拱的存在，加大了围岩的塌落拱高度。对于大跨度隧道 SE，取水平应力减少 23.8%时为塌落拱的应力内边界，提取拱顶上方的水平应力得到表 4.2-4 的结果。

表 4.2-4　SE 隧道拱顶方向水平应力变化情况

距拱顶高度/m	开挖前水平应力/Pa	水平应力增加量/Pa	水平应力增加百分比
0.00	1.18×10^6	-4.06×10^5	-34.3%
1.50	1.16×10^6	-2.55×10^5	-22.0%
3.16	1.14×10^6	-2.38×10^4	-2.1%
4.02	1.13×10^6	6.62×10^4	5.9%
5.02	1.11×10^6	1.78×10^5	16.1%
7.02	1.08×10^6	2.41×10^5	22.4%
9.30	1.06×10^6	2.69×10^5	25.6%
10.06	1.04×10^6	2.82×10^5	27.1%
11.13	1.01×10^6	2.96×10^5	29.4%
13.65	9.94×10^5	3.40×10^5	34.2%

通过表中数据可知，塌落拱位于 7.02～9.3 m，根据插值计算可知，在大跨度区，隧道的塌落拱内边界为 7.78 m。如果直接进行大跨度隧道开挖，没有连拱隧道的影响，大跨度隧道的塌落拱内边界为 7.05 m，由此可知，前面连拱隧道的开挖对于大跨隧道的塌落度内边界范围有 10%的影响。提取中夹岩部分的水平应力如表 4.2-5 所示。

表 4.2-5　中夹岩上方水平应力变化情况

距中夹岩顶部高度/m	开挖前水平应力/Pa	水平应力增加量/Pa	水平应力增加百分比
0.00	1.29×10^6	9.94×10^4	7.7%
1.18	1.19×10^6	-2.33×10^3	-0.2%
2.33	1.12×10^6	-1.03×10^5	-9.2%
3.70	1.01×10^6	-4.66×10^4	-4.6%
5.19	9.83×10^5	-3.08×10^4	-3.1%
6.73	9.28×10^6	-2.45×10^4	-2.6%
8.33	9.30×10^6	-1.44×10^4	-1.6%
9.09	9.33×10^6	4.38×10^4	4.7%

从表 4.2-5 中发现中夹岩上方的应力变化情况与隧道拱顶方向的水平应力变化规律有所不同：当距离中夹岩上方距离较近时，水平应力发生减少；随着距离的增加开始出现增加；当距离中夹岩顶部距离达到 9.1 m 时，水平应力的增加水平只有 4.7%。由此可知，隧道上方塌落拱的判断依据在中夹岩部分不适合，需要从拉应变扰动区进行中夹岩稳定性判断。

综上，根据规范结果下隧道开挖后压力拱范围的数值分析表示方法，以此来研究复杂几何尺寸下塌落拱内边界的确定，从前人的研究结果与本次的数值分析结果可知，以水平应力减少 23.8% 作为塌落拱内边界的半经验半理论计算公式有一定的方便与可靠性，可以作为一种快速判断围岩塌落拱的方法；通过塌落拱的内边界计算可以将围岩的垂直荷载计算高度转化为应力指标，这为接下来计算分岔隧道荷载分布模式提供了一种计算方法，可利用隧道垂直荷载的变化进行小间距隧道分类。

4.2.2.3　小间距隧道荷载分布模式

考虑上岩体重度，将岩体的计算高度转化为作用在隧道上部的竖向荷载大小后，采用线荷载的方法，以 B 匝道隧道为例，得出分岔隧道 B 匝道在纵向上竖向荷载变化趋势，如图 4.2-3 所示。

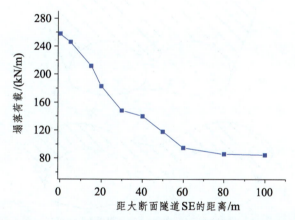

图 4.2-3　分岔隧道左洞塌落荷载在隧道纵向上的分布

从空间分布上可以看出在分岔刚开始的部位垂直荷载计算高度较高，两隧道的塌落区域连接在一起，形成"联合塌落区"。当开挖间距增大后，压力拱分离，垂直荷载计算高度也降低，在距分岔处 70 m 的断面上，两隧道的围岩扰动区只在中隔岩处相连，各自的压力拱也彼此分离，没有出现顶部贯通。

对不同断面隧道的净距进行统计，将竖向塌落荷载在纵向上的分布规律转化为塌落荷载随隧道净距变化的情况，如图 4.2-4 所示。因为不同工程中分岔隧道分离的曲率不同，将荷载随纵向分布的变化转化为随隧道净距的变化更有指导意义。从图中可以看出，隧道净距在 3.0 ~ 12.3 m 变化时，荷载变化剧烈，两隧道的荷载随净距的影响较大，设计施工时必须考虑两洞之间的相互影响。但当隧道净距超过 14.6 m 后，荷载便趋于稳定，两洞之间的影响较弱，可以按照分离式隧道进行设计。

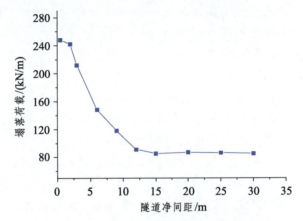

图 4.2-4　分岔隧道塌落荷载与隧道净距的关系

结合分岔隧道不同净距时岩体的破坏轮廓、垂直荷载计算高度、荷载纵向变化情况，得到分岔隧道不同净距时荷载作用模式，如图 4.2-5 所示。

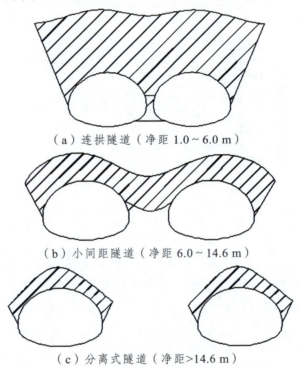

（a）连拱隧道（净距 1.0～6.0 m）

（b）小间距隧道（净距 6.0～14.6 m）

（c）分离式隧道（净距＞14.6 m）

图 4.2-5　不同净距下分岔隧道竖向荷载分布

该方法求得的是分岔隧道不同断面顶部松动荷载在纵向上的分布情况。可以看出，两分岔隧道在纵向上的受力并不均匀，荷载的大小随着隧道间距的变化不断改变。与净距不变的平面应变隧道的计算相比，分岔隧道的荷载计算需要考虑以下两方面：① 横断面上的荷载随隧道净距变化而变化，荷载计算更为复杂。针对分岔隧道，不能统一采用一个荷载进行计算，那样会造成净距较大时断面设计的浪费和净距较小时的不安全，应根据不同净距，采用阶梯形式对荷载进行取值；② 纵断面上不均匀的荷载会产生应力集中问题。应在荷载变化剧烈的区域注意隧道纵向应力集中现象。

4.2.2.4 分岔隧道修正横断面荷载计算方法

丁文其在深圳东部过境高速公路连接线工程中研究了连拱隧道的荷载分布模式，相关研究结论得到验证。本次云南虎跳峡高速公路的连拱隧道荷载分布模式与深圳东部过境高速公路荷载模式类似，本研究在丁文其之前的研究基础上进行了扩展，按照虎跳峡隧道的特点，对其应力系数进行了修正，云南虎跳峡连拱隧道荷载分布模式如图 4.2-6 所示：

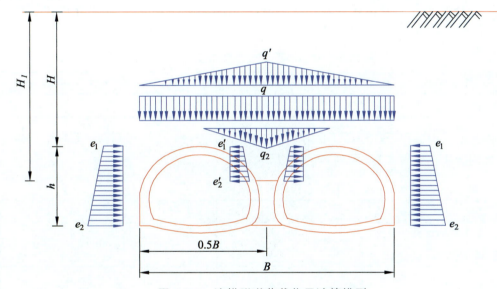

图 4.2-6 连拱隧道荷载作用计算模型

$$q = \gamma h_1^h = 0.45 \times 2^{s-1} \gamma [1 + i_1(0.5B - 5)] \tag{4.2-2}$$

$$q' = \xi \gamma (h_1^w - h_1^h) = \xi \gamma \times 0.45 \times 2^{s-1} [B(i_2 - 0.5i_1) - 5(i_2 - i_1)] \tag{4.2-3}$$

$$q_z = \gamma (H_1 - H)q' \tag{4.2-4}$$

式中：q——隧道基本垂直均布压力，由单侧洞室开挖形成的承载拱下部围岩压力（kN/m^2）；

q'——附加垂直围岩压力（kN/m^2）；

q_z——中隔墙与两侧拱肩所夹三角形块体自重荷载（kN/m^2）；

γ——围岩容重（kN/m^3）；

h_1^h、h_1^w——以 $0.5B$、B 为计算宽度时的塌落拱高度（m）；

i_1、i_2——以 $0.5B$、B 为计算宽度时的围岩压力增减率，当宽度大于 14 m 时取 0.12；

B——连拱隧道总宽度（m）；

ξ——附加荷载修正系数，中墙顶部回填及时且顶部围岩与中墙密切接触ξ=0.2～0.3，反之ξ=0.6～0.7，一般情况取0.3～0.6；

H_1——中隔墙顶到地面的距离（m）；

H——隧道埋深，指隧道顶部至地面的距离（m）；

s——围岩级别。

附加荷载修正系数用以考虑连拱隧道的竖向荷载联合压力拱与隧道独立压力拱之间土体松动荷载的取值，但该系数只考虑了中隔墙回填是否及时以及是否与围岩密贴等因素。很显然，两隧道净距也是一个重要的因素，规范中并没有考虑。在其中引入隧道净距影响系数η：

$$q_\eta = \eta\xi q' = \xi' q' \tag{4.2-5}$$

经过分岔隧道数值建模分析，得出隧道净距影响系数η与隧道净距的关系如表4.2-6所示。

表4.2-6　隧道净距影响系数与净距的关系

隧道净距/m	<1.5	1.5～3.0	3.0～5.0	5.0～8.0	>8.0
隧道净距影响系数η	3	2.5	1.0	0.5	0

根据上文中得出不同净距下的η取值，代入到$\xi' = \eta\xi$中，得到新的附加荷载修正系数取值方法，如表4.2-7所列。

表4.2-7　附加荷载修正系数ξ'取值

隧道净距/m	<1.5	1.5～3.0	3.0～5.0	5.0～8.0	>8.0
中墙顶部回填及时且顶部围岩与中墙密切接触	0.6～0.9	0.4～0.6	0.2～0.3	0.16～0.24	0
中墙顶部未及时回填且顶部围岩未与中墙密切接触	1.8～2.1	1.2～1.4	0.6～0.7	0.48～0.56	0
一般情况	0.9～1.8	0.6～1.2	0.3～0.6	0.24～0.48	0

因此考虑隧道净距后，分岔隧道的附加围岩压力的计算方法中考虑隧道净距的影响，计算方法如下式：

$$q_\eta' = \xi'\gamma \times 0.45 \times 2^{s-1} \times [B(i_2 - 0.5i_1) - 5(i_2 - i_1)] \tag{4.2-6}$$

式中：ξ'——修正后的附加荷载修正系数。

分岔隧道荷载计算公式为：

$$q = q + q_z + q_\eta \tag{4.2-7}$$

由于修正荷载在纵向上存在变化，竖向荷载与侧压力随着净距的增大阶梯式减小。其荷载分布模式参考丁文其的研究成果，在山区隧道开挖后，形成分岔隧道空间荷载结构法，空间效果如图 4.2-7 所示。

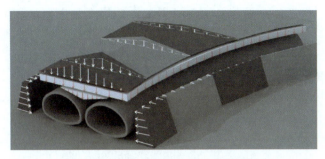

图 4.2-7　空间荷载结构法荷载分布

对于连拱段隧道段采用隧道净距小于 2.0 m 时的荷载系数进行计算，竖向计算荷载见式（4.2-8）：

$$q = q + q_z + q'_\eta \quad （\xi' = 1.8）\tag{4.2-8}$$

对于大断面隧道，已经没有中夹岩中隔墙与两侧拱肩所夹三角形块体自重荷载，计算荷载公式为式（4.2-9）：

$$q = q + q'_\eta \tag{4.2-9}$$

当两隧道净距过近时，采用规范提出的计算方法安全系数较低，而隧道净距较大时，规范给出的方法则过于保守，造成工程浪费。因此在设计中，考虑不同净距的影响，在不同断面中采用不同的荷载设计值，既有利于保证隧道安全，也改善了隧道建设的经济性。

因此在连拱段到小净距段的区域内，不仅荷载变化剧烈，还会因为荷载的变化在纵向上产生较大的应力集中。在连拱段和小间距段应加强纵向防护措施。可以在关键区域采用双层钢筋网，并且加密钢筋网，保证初衬施工质量。钢筋网应与锚杆、格栅或其他焊接装置连接牢固，喷射混凝土时，钢筋不得晃动；钢筋的保护层厚度不得少于 2 cm；等等。随着隧道间距的增大，竖向塌落荷载开始趋于稳定，隧道的受力问题逐步回归到平面应变问题，纵向上的垂直荷载计算高度逐渐减小，可变成单独开挖隧道处理。

4.3　虎跳峡彪水岩交叠隧道荷载分布与计算方法研究

4.3.1　不同交叠角度稳定性分析

由于地质条件的限制及地下空间的综合开发利用情况不同，在城市交通规划中不可避免地会产生近距离斜交隧道。对于这种形式的隧道，后建隧道是在既有隧道完成之后修建的，后建隧道的施工必然会影响既有隧道结构的受力状态，引起既有隧道变形及地层变形。由于目前工程经验较少，斜交隧道中后建隧道对既有隧道及围岩的影响规律还未明确，准确预测后建隧道施工引起的地层变形规律、影响范围以及对既有隧道的影响规律等，对设计和施工安全十分重要，因此需要针对不同交叠角度的隧道进行三维建模分析，通过位移、应力、拉应变区的对比，得到不同交叠角度对于两隧道的影响程度，以此为相应的工程设计作参考。

4.3.1.1　不同交叠角度隧道三维模型建立

采用有限元软件 ABAQUS 进行三维模拟，建模区域高 100 m、宽 100 m、纵向长度为 100 m。因为上长坪隧道右幅与 B1 匝道隧道的跨径较为接近，建立模型时进行统一处理，把两隧道的跨径统一变成 11.8 m，长度均为 100 m。实际工程中，两隧道为斜交，其中上长坪隧道位于下方，距离上部的 B1 匝道隧道的距离为 10 m 左右，可视为与隧道的跨径相等（即 1D）。进行三种角度的开挖模拟，两隧道投影到平面上的交角为 0°、45°、90°；地应力平衡后，先进行下部隧道的开挖，然后再开挖上部匝道隧道，根据地质资料参数选取如表 4.3-1 所列：

表 4.3-1　交叠隧道材料参数

重度/（kN/m³）	内摩擦角/（°）	黏结力/MPa	弹性模量/GPa	泊松比
24	38	0.5	1.3	0.27

不同交叠角度的隧道模型如图 4.3-1 所示：

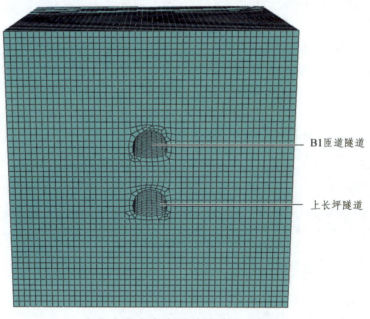

——— B1匝道隧道

——— 上长坪隧道

（a）交叠角度为 0°时两隧道示意图

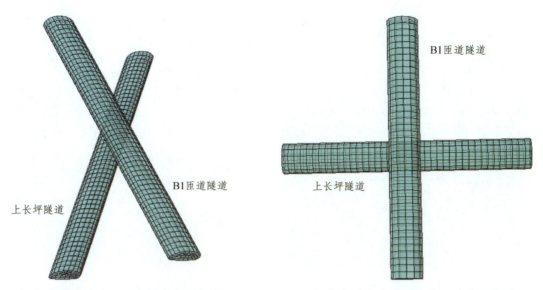

（b）交叠角度为 45°时两隧道示意图　　　　（c）交叠角度为 90°时两隧道示意图

图 4.3-1　不同交叠角度的两隧道空间示意图

4.3.1.2　不同交叠角度隧道位移结果分析

分析不同交叠角度对应的位移变化，进行不同交叠角度时的位移变化规律分析，对比不同交叠角度的隧道的水平位移变化与竖向位移变化。先进行整体位移变化分析，其结果如图 4.3-2～图 4.3-4 所示。

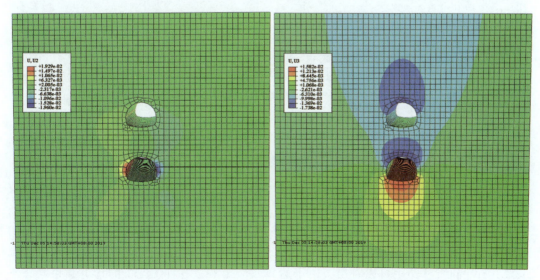

（a）水平方向位移分布图　　　　　　　（b）竖直方向位移分布图

图 4.3-2　两隧道夹角 0°时的位移分布图（单位：m）

 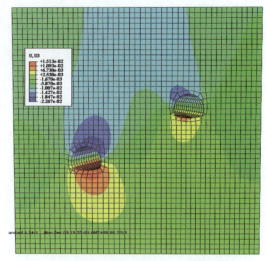

（a）水平方向位移分布图　　　　　　　　（b）竖直方向位移分布图

图 4.3-3　两隧道夹角 45°时的位移分布图（单位：m）

（a）水平方向位移分布图　　　　　　　　（b）竖直方向位移分布图

图 4.3-4　两隧道夹角 90°时的位移分布图（单位：m）

从图 4.3-4 的隧道施工引起地层沉降分布云图中可以看出不同交叠角度隧道开挖后，地层位移的变化情况：随着交叠角度的变大，隧道水平方向的位移变化范围很小；隧道拱顶竖向下沉位移先增大后减少，竖向沉降的最大数值达到 22.67 mm；而隧道的拱底隆起位移呈现小幅度的先减少后增大的演化规律，水平方向的最大位移值达到 21.12 mm。同时从图中可以看出，由于边界效应影响，各种工况下的计算结果略有不同，但整体上地层变形规律一致，即在隧道开挖轮廓周边呈现拱顶下沉、仰拱隆起的变形规律。从沉降槽形态看，越靠近隧道中线沉降数值越大，越远离隧道中线沉降值越小。上洞 B1 隧道开挖后，由于扰动效应叠加，地层沉降分布明显增大，最显著的为隧道垂直掘进的情况。由于隧道开挖扰动效应在交叉点附近叠加，该区域沉降明显大于周边沉降，沉降分布出现从中间向四周逐渐减小的趋势。

为比较上洞隧道开挖对下洞隧道的影响，并量化影响范围，每隔 10 m 提取隧道拱顶、拱腰、拱底处的位移数值，然后进行数据拟合，得到不同交叠角度下上洞 B1 隧道开挖后两隧道整体变形，如图 4.3-5 ~ 图 4.3-7 所示。

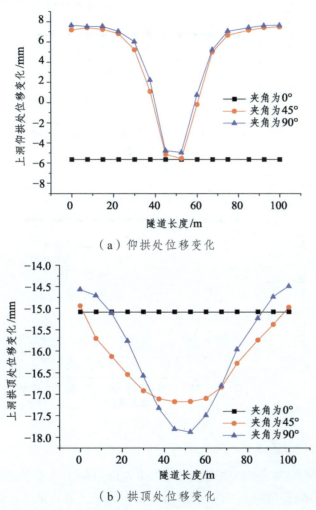

（a）仰拱处位移变化

（b）拱顶处位移变化

图 4.3-5　上部隧道不同夹角时的竖向位移变化

从图 4.3-5 中可以看出，随交叠角的变化，施工相互影响范围及影响程度不同：当两隧道的交叠角为 0°时，拱顶与拱底的位移呈现一恒值，即与隧道开挖的距离无关。当两隧道的交叠角为 45°及 90°时，两者的变化规律较为接近，即在两端处拱底的隆起数值较大，随着开挖的进行，开挖至两隧道交叉处时，两种角度下的隆起值均由正变负，与隧道交叠角为 0°时的数值较接近；而拱顶处呈现出在 45°与 90°夹角时，两端的竖向位移较小，中间交叉处的位移值较大的现象，这与两隧道的交叉施工有关，先前隧道的施工，引起一部分位移沉降，当再次进行后续隧道施工时，两者位移叠加，导致不同交叉角度时，上部隧道拱顶处的竖向位移值较大。

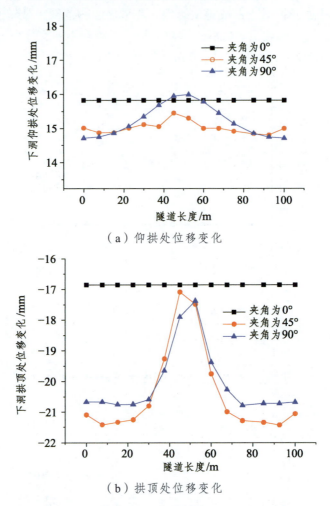

（a）仰拱处位移变化

（b）拱顶处位移变化

图 4.3-6　下部隧道不同夹角时的竖向位移变化

从图 4.3-6 中可以看出，不同交叠角度的上部隧道施工对于下部隧道有不同程度的影响：当两隧道的交叠角为 0°时，拱顶与拱底的位移呈现一恒值，即与隧道开挖的距离无关。当两隧道的交叠角为 45°及 90°时，两者的变化规律同样较为类似，即在两端处拱底的隆起数值较大，随着开挖的进行，开挖至两隧道交叉处时，两种角度下的隧道仰拱隆起值接近 16 mm（与交叠角度为 0°时的情况接近）；而拱顶处的变化规律类似；先前隧道的施工，对于后施工的隧道而言存在卸荷效应，所以进行上部隧道的施工后，由于上部荷载的移除，交叠角为 0°时的下部隧道的隆起值与沉降值相比 45°和 90°时的均较小，这是因为交叠角为 0°时，对直接作用在下部隧道的荷载移除较多；同时可发现，当交叉角度大于 45°时，交叠角对于隧道的影响作用不会很明显。

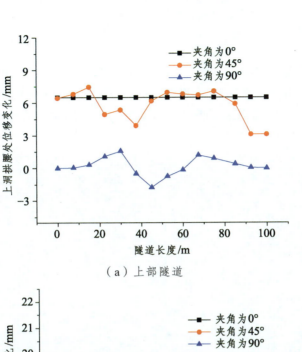

（a）上部隧道

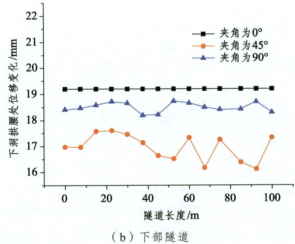

（b）下部隧道

图 4.3-7　上部及下部隧道不同夹角时的水平位移变化

从图 4.3-7 中可以看出，不同交叠角度的两隧道的水平位移变化规律类似：对于上部隧道而言，当交叠角为 0°与 45°时，隧道的水平位移收缩值保持在 6 mm 附近；当交叠角为 90°时，水平位移的收缩值为 0。对于下部隧道而言，不同交叠角度的隧道的水平位移收缩值均保持在 18 mm 附近。对比两图，同时可以发现，水平位移的变化与隧道的交叠与否无关，没有随隧道的开挖距离变化，呈现恒定的值。

4.3.2　不同上下叠夹岩厚度的计算结果分析

在参考既有研究的基础上，首先进行二维模型隧道分析，改变两隧道之间的间距，分别建立 0.5D、0.75D、1D 间距的隧道模型，分析应力、位移、应变的变化规律，之后进行三维模型分析，对照不同的空间距离分别建模，并考虑衬砌支护的作用，所用材料参数与表 4.3-1 中参数一致，衬砌为 C25 混凝土，弹性模量为 28 GPa，泊松比为 0.2。

4.3.2.1 二维平行不同上下叠夹岩厚度隧道毛洞位移结果分析

采用有限元软件 ABAQUS 进行二维模拟，建模区域为一高 100 m、宽 100 m 的正方形区域，隧道的跨径为 12 m，高度为 10 m。两上下叠隧道夹岩厚度分别为 0.5D、0.75D、1D；建模之后，先进行地应力平衡，再进行下部隧道的开挖，然后开挖上部匝道隧道，如图 4.3-8 所示。

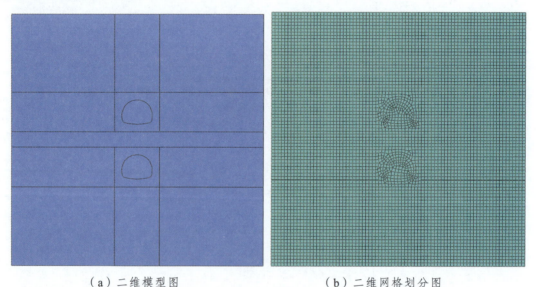

（a）二维模型图　　　　　　　　　　（b）二维网格划分图

图 4.3-8　二维隧道模型与网格划分图

分析不同上下叠夹岩厚度隧道对应的位移变化，进行不同上下叠夹岩厚度时的位移变化规律分析，对比不同上下叠夹岩厚度的隧道的水平位移变化与竖向位移变化；先进行整体位移变化分析，其结果如图 4.3-9 所示。

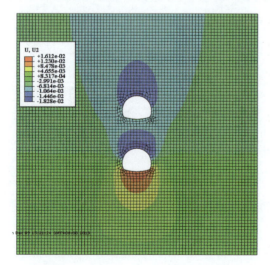
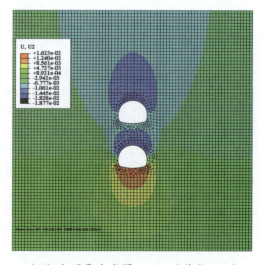

（a）上下叠夹岩厚 1D（单位：m）　　　　（b）上下叠夹岩厚 0.75D（单位：m）

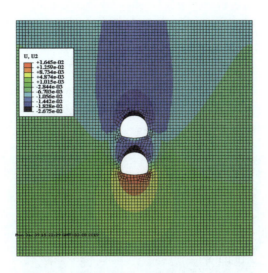

（c）上下叠夹岩厚 0.5D（单位：m）

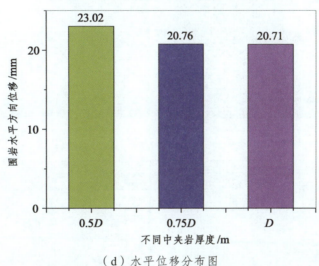

（d）水平位移分布图

图 4.3-9 不同上下叠夹岩厚度的位移分布图

从图 4.3-9 中可以看出：上下叠夹岩厚 1D 的竖向位移与上下叠夹岩厚 0.75D 的基本相同，上下叠夹岩厚 1D 的竖向位移与上下叠夹岩厚 0.5D 的差别较大；当上下叠夹岩厚度较小时，沉降区的影响范围较大，从上洞隧道到地面出现较大的竖向位移，同时竖向位移的最大值变成 26.75 mm，相比 1D 的厚度时，增大了 46.33%，上下叠夹岩部分的竖向位移均比较大。从图 4.3-9（d）中可以看出，不同上下叠夹岩厚度导致的水平位移变化幅度较小，当上下叠夹岩厚度为 0.5D 时，水平位移增大了 12.15%。

4.3.2.2 二维平行不同上下叠夹岩厚度隧道支护效果分析

隧道的模拟包括衬砌和喷锚加固区，隧道的模拟为 V 级围岩，在原模型的基础上进行加固模拟，衬砌使用 C25 混凝土参数，其弹性模量为 28 GPa，泊松比为 0.2。对于锚杆注浆锚固区，根据相关经验，考虑为对围岩的加强，弹性参数 E 提高 10%，Mohr-Coulomb 参数 c、$\tan\varphi$ 提高 30%。

分析不同上下叠夹岩厚度对应的位移变化，进行不同上下叠夹岩厚度时的位移变化规律分析，对比不同上下叠夹岩厚度隧道的水平位移变化与竖向位移变化；先进行整体位移变化分析，其结果如图 4.3-10 所示。

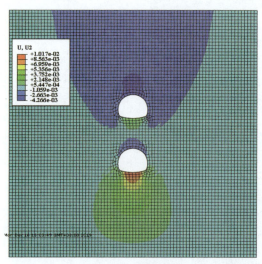

（a）上下叠夹岩厚 1D （b）上下叠夹岩厚 0.75D

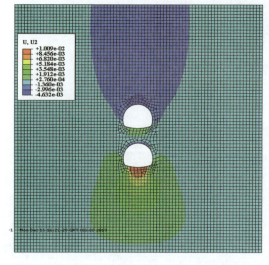 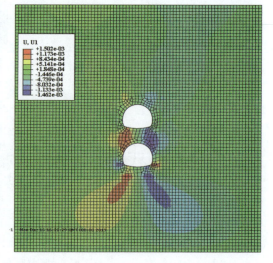

（c）上下叠夹岩厚 0.5D （d）上下叠夹岩厚 0.5D 时水平位移分布图

图 4.3-10 施作衬砌后不同上下叠夹岩厚度的位移分布图（单位：m）

从图 4.3-10 中可以看出：施作衬砌后，上下叠夹岩厚 0.5D、0.75D、1D 的水平位移基本相同，数值很小，维持在 1.5 mm；类似的是，这三种厚度对应的竖向位移值基本一样，隧道的位移云图变化规律与趋势类似，底部隧道的隆起数值约为 10 mm，拱顶位置处的竖向位移值为 4 mm 左右。对比加固前后，可以发现衬砌发挥了良好的作用效果。与图 4.3-9 对比后发现，施作衬砌后，对隧道的水平位移改变很大：毛洞开挖时，围岩的水平收敛位移最大达到 23 mm，施作衬砌后，围岩的水平位移只有 1.5 mm；施作衬砌后，隧道拱顶的竖向位移得到大幅度减少，上下叠夹岩厚 0.5D 对应的竖向位移为 26.75 mm，施作衬砌+锚喷后，其竖向位移降低为 4.5 mm，同时其仰拱的隆起值从 16.45 mm 降低为 10 mm。

4.3.2.3 交叠角 45°三维不同上下叠夹岩厚隧道毛洞分析（实际工况）

采用有限元软件 ABAQUS 进行三维模拟，建模区域高 100 m、宽 100 m、纵向长度为 100 m。在实际工程中两隧道的交叠角度接近 45°，所以，以两隧道交叠角度为 45°进行建模分析，上下叠夹岩的厚度分别为 0.5D、0.75D、1D，进行地应力平衡后，先进行下部隧道的开挖，再开挖上部匝道隧道。不同上下叠夹岩厚度的三维模型如图 4.3-11 所示。

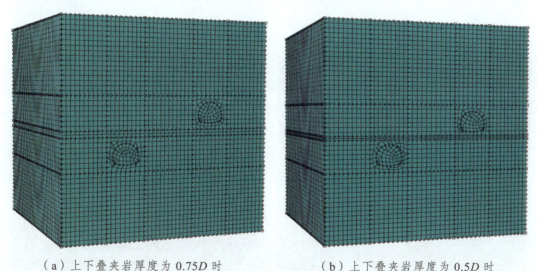

（a）上下叠夹岩厚度为 0.75D 时　　　　　（b）上下叠夹岩厚度为 0.5D 时

图 4.3-11　交叠角 45°时不同上下叠夹岩厚度的三维模型图

分析不同上下叠夹岩厚度对应的位移变化，进行不同上下叠夹岩厚度时的位移变化规律分析，对比不同上下叠夹岩厚度隧道的水平位移变化与竖向位移变化；先进行整体位移变化分析，其结果如图 4.3-13 所示。

从图 4.3-12 与图 4.3-13 中可以看出：随着上下叠夹岩厚度的减少，其水平位移与竖向位移呈现不同程度的增大，当上下叠夹岩厚度从 1D 变成 0.75D、0.5D 时，水平位移的变化从 21.12 mm 变成 23.31 mm、24.86 mm，竖向位移的最大值从 22.67 mm 变成 24.35 mm、26.9 mm，三种上下叠夹岩厚度对应的位移变化整体的分布规律相似，如图

4.3-14 ~ 图 4.3-16 所示。

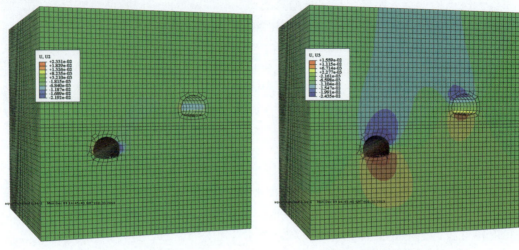

（a）水平位移分布图　　　　　　　　（b）竖向位移分布图

图 4.3-12　交叠角 45°时两隧道上下叠夹岩厚 0.75D 时位移分布图（单位：m）

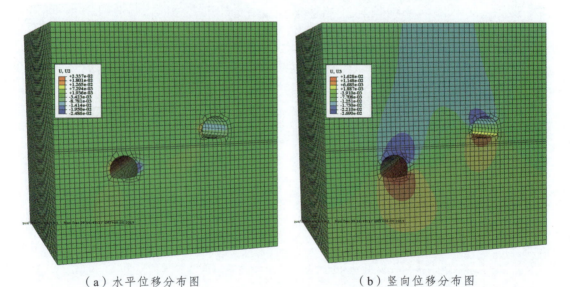

（a）水平位移分布图　　　　　　　　（b）竖向位移分布图

图 4.3-13　交叠角 45°时两隧道上下叠夹岩厚 0.5D 时位移分布图（单位：m）

由图 4.3-14 可知：三种上下叠夹岩厚度的仰拱的位移变化规律基本相同，开挖隧道的两端隆起值较大，在交叉处，隆起值变成沉降值；上洞拱顶处的沉降与上下叠夹岩厚度较为相关，随着上下叠夹岩厚度减少，拱顶的沉降值不断增大，当上下叠夹岩厚度为 0.5D 时，最大值达到 21 mm，两者呈现反相关关系。

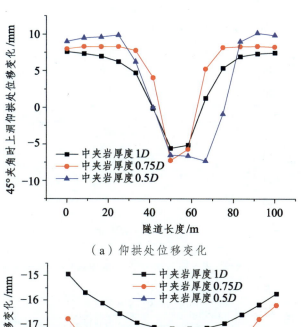

（a）仰拱处位移变化

（b）拱顶处位移变化

图 4.3-14　上部隧道不同上下叠夹岩厚度时的竖向位移变化

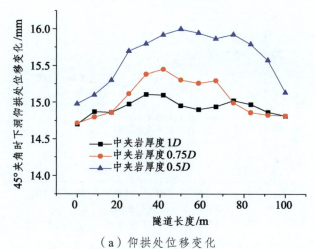

（a）仰拱处位移变化

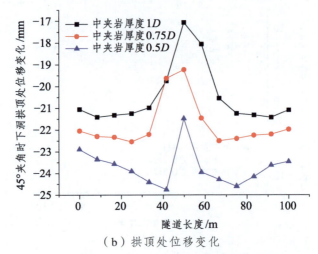

（b）拱顶处位移变化

图 4.3-15　下部隧道不同上下叠夹岩厚度时的竖向位移变化

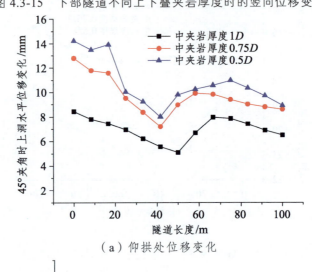

（a）仰拱处位移变化

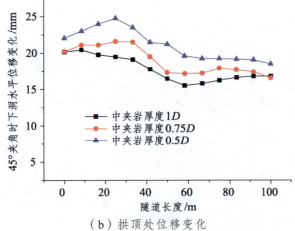

（b）拱顶处位移变化

图 4.3-16　不同上下叠夹岩厚度时的水平位移变化

由图 4.3-15 可知，下洞仰拱的隆起值随着上下叠夹岩厚度减少而增加，0.75D 的上下叠夹岩的隆起值增加幅度较小，而当上下叠夹岩厚度为 0.5D 时，隆起值增加的幅度较大；从图 4.3-15（b）中可知，开挖隧道两端的沉降值较大，在交叉处的沉降值减少，类似的是，上下叠夹岩厚度越小，其对应的沉降值越大。从图 4.3-16 中可以发现，上下洞隧道的水平位移变化幅度较小，不同上下叠夹岩厚度对应的水平位移呈现稳定趋势。

4.3.2.4 交叠角 45°三维不同上下叠夹岩厚度隧道支护效果分析

隧道的模拟包括衬砌和喷锚加固区，隧道的模拟为 V 级围岩，在原模型的基础上进行加固模拟，衬砌使用 C25 混凝土参数，其弹性模量为 28 GPa，泊松比为 0.2。对于锚杆注浆锚固区，根据相关经验，考虑为对围岩的加强，弹性参数 E 提高 10%，Mohr-Coulomb 参数 c、$\tan\varphi$ 提高 30%。

分析不同上下叠夹岩厚度对应的位移变化，进行不同上下叠夹岩厚度时的位移变化规律分析，对比不同夹岩厚度的隧道的水平位移变化与竖向位移变化，如图 4.3-17 和图 4.3-18 所示。从图 4.3-17 中可以看出：施作衬砌后，上下叠夹岩厚 0.5D、1D 的竖向位移基本相同，数值很小，维持在 5 mm；类似的是，它们对应的隆起数值基本一样，隧道的位移云图变化规律与趋势类似。因为加固之后，不同上下叠夹岩厚度的隧道的变化规律较接近，所以下文只分析一种上下叠夹岩厚度的隧道，通过提取上下叠夹岩厚度为 1D 时隧道的数值进行分析，如图 4.3-19、图 4.3-20 所示。

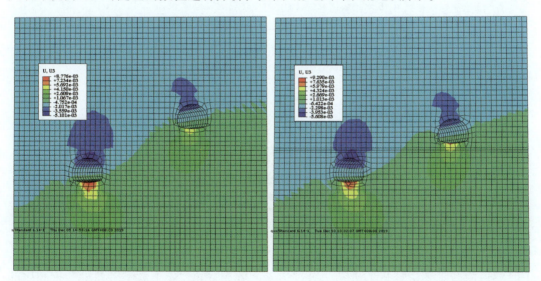

图 4.3-17 施作衬砌夹岩厚 1D 时位移（单位：m） 图 4.3-18 施作衬砌夹岩厚 0.5D 时位移（单位：m）

因为隧道的水平位移数值很小，不同上下叠夹岩厚度的隧道施作衬砌后，水平位移只有 2 mm，即不再进行水平位移的分析。通过图 4.3-19 可知，施作衬砌后，下洞仰拱处的隆起整体降低 50%，而上洞仰拱在两隧道交叉处的改善作用明显，仰拱的隆起数值从加固前的 -4 mm 变成加固后的 3 mm。由图 4.3-20 可知：上下洞隧道施作衬砌后，竖向的位移变化幅度均较大，上洞隧道的竖向位移从加固前的-16 mm 提升到-4 mm；而下部隧道的位移从加固前的-21 mm 提升到-6 mm，并且加固之后，两隧道交叉处的回弹值较小。

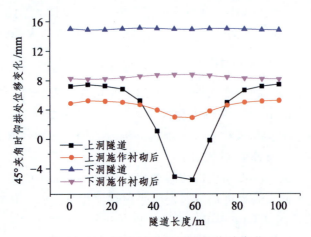

图 4.3-19　施作衬砌后仰拱处位移变化

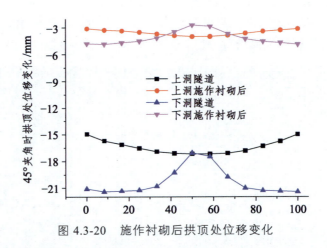

图 4.3-20　施作衬砌后拱顶处位移变化

4.3.3　不同工况的计算结果分析

为了分析不同施工法对隧道拱顶位移以及周边的影响程度，许多学者对地铁隧道、山岭隧道的施工工法进行了研究。通过"先上后下"和"先下后上"两种开挖顺序的室内相似模型实验以及数值模拟结果，发现"先下后上"开挖顺序对于地面的沉降影响更小，与此同时隧道内部的应力变化较小；本研究在既有研究基础上，进行二维与三维情况下不同开挖方式对隧道拱顶、拱腰、拱底位移变形的影响规律分析，从而找出最合适的开挖顺序，为工程施工提供指导。

4.3.3.1　二维不同上下叠夹岩厚度隧道不同施工顺序对比分析

1）地面位移分析

分别提取三种上下叠夹岩厚度对应的地面位移，并把竖向位移结果与图 4.3-21 不同开挖顺序的影响效果进行对比。

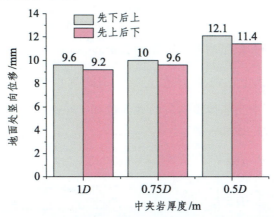

图 4.3-21　不同上下叠夹岩厚度地面位移与施工顺序关系图

从图 4.3-21 以看出，在三种上下叠夹岩厚度时，先开挖下洞隧道后开挖上洞导致的地面位移均比先开挖上洞后开挖下洞的位移要小，针对每一种上下叠夹岩厚度的隧道而言，两种开挖方式导致的地面位移较为接近，并且先下后上的开挖方式引起的位移数值更小。

2）张拉应变分析

先进行下部隧道开挖然后进行上部，判定不同的上下叠夹岩厚度拉应变变化区的范围变化，从而进行围岩扰动情况分析，如图 4.3-22 所示。

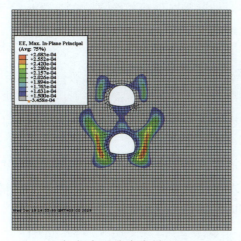
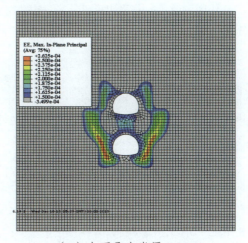

（a）上下叠夹岩厚 1D　　　　　　　（b）上下叠夹岩厚 0.75D

图 4.3-22　不同上下叠夹岩厚度的超拉应变区分布图

从图 4.3-22 中可以看出拉应变扰动区随上下叠夹岩厚度的变化情况，图 4.3-22（a）中的两隧道的上下叠夹岩部分出现了贯通的拉应变扰动区，上部隧道的拉应变扰动区的范围分别向上、左方向增加了 3.0 m、2.7 m。从图 4.3-22（b）中可知，隧道上下叠夹岩两端的拉应变扰动区的范围增加，此时先上后下的开挖方式导致上洞的拉应变扰动区分别向上、左方向增加了 3.4 m 与 2.5 m。

当进行衬砌+锚喷支护后，地面处的位移沉降保持在 1～2 mm 变化，所以不再单独进行施作衬砌后，不同开挖顺序产生的影响分析。

4.3.3.2　三维不同上下叠夹岩厚度隧道不同施工顺序对比分析

分别提取三种上下叠夹岩厚度对应的地面位移，并把竖向位移结果与图 4.3-23 对比，分析不同开挖顺序的影响效果。

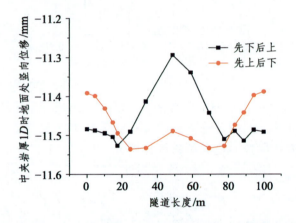

图 4.3-23　上下叠夹岩厚 $1D$ 时地面位移与施工顺序关系图

从图 4.3-23 中可以看出，不同的施工顺序对地面竖向位移的影响，在两端处先上后下的开挖方式引起的地面竖向位移较小，但是靠近交叉中心处，采用先下后上的开挖方式，地面的沉降位移会更小。

从图 4.3-24 中可以看出，不同的施工顺序对上洞隧道竖向位移的影响，在两端处隧道的竖向位移与开挖顺序的关系无关，但是靠近交叉中心处，采用先下后上的开挖方式，上洞隧道拱顶处的沉降位移会更小，相比先上后下的开挖方式，其沉降减少了 6%。

通过以上分析可知，无论是二维情况还是三维情况，对于双洞隧道采用先下后上的开挖方式，相对于先上后下的开挖方式而言，地面处的竖向沉降位移更小，上洞隧道拱顶处的沉降位移也更小，其张拉应变扰动区的范围也相对较小。由此可知，优先采用先下后上的开挖方式。

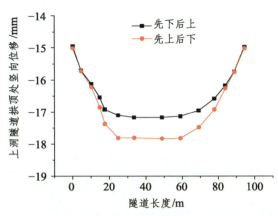

图 4.3-24　上下叠夹岩厚 $1D$ 时上洞位移与施工顺序关系图

4.4　虎跳峡彪水岩大断面分岔隧道施工方法对比分析研究

目前，常规大断面分岔隧道以双侧壁导坑法施工为主，CRD 法、CD 法和台阶法应用也较多。随着超前支护技术的不断发展，以及施工设备的改进，在可能的情况下减小施工步，加快施工进度的需求愈发强烈。根据客观条件和施工技术的发展，可以从两个角度出发考虑减小施工步，甚至考虑全断面施工，在围岩条件较差时，考虑超前加固手段提高围岩稳定性和强度；而在围岩较为完整、自稳条件较好的情况下，可考虑全断面施工。

4.4.1　整体模型概况

分析采用同济大学引进的瑞士联邦理工学院（Swiss Federal Institute of Technology in Lausanne）开发的真三维岩土工程有限元软件 ZSOIL.PC v2014，如图 4.4-1 所示。

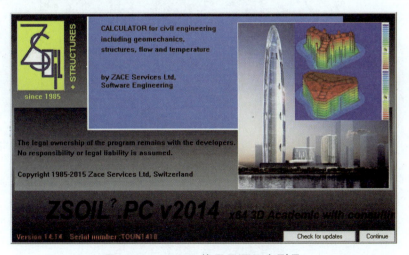

图 4.4-1　ZSOIL 使用界面及序列号

计算模型尺寸为 233 m×183.1 m×70.85 m，如图 4.4-2 所示。模型节点数为 242442，六面体实体单元数为 233880，壳（one layer shell）单元数为 10232，梁（beam）单元数为 2757。

模型的边界条件为：顶部自由，四周及底部限制法向位移，底边限制三个方向的位移。数值计算的有限元模型如图 4.4-2～图 4.4-5 所示。

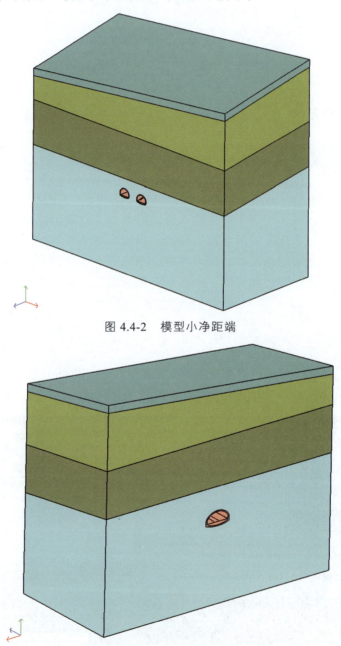

图 4.4-2　模型小净距端

图 4.4-3　模型大断面端

图 4.4-4　初衬和锚杆支护结构

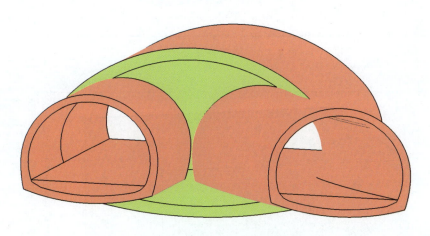

图 4.4-5　二衬结构

4.4.2　设计工况计算结果

根据虎跳峡地下互通立交彪水岩隧道设计施工工法进行模拟计算，结果显示，隧道整体变形最大约 17.80 mm，沉降最大值 17.79 mm，仰拱隆起最大值 13.61 mm，最大水平位移 6.46 mm，发生在隧道断面过渡位置的中夹岩体位置。由于隧道处围岩开挖，原来由该处围岩承受的荷载由两侧壁围岩承受，从而隧道两侧壁围岩出现压应力集中，而隧道拱顶和仰拱则呈现应力释放的状态。隧道变形云图如图 4.4-6 ~ 图 4.4-8 所示。

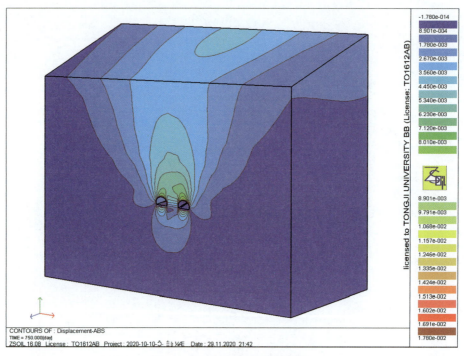

图 4.4-6　隧道整体变形云图

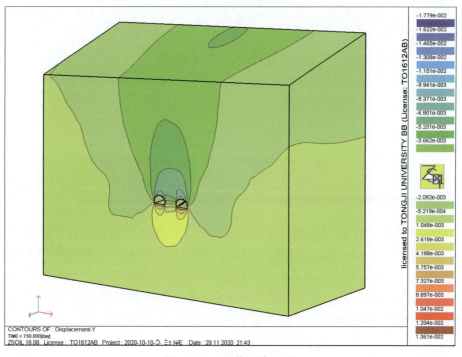

图 4.4-7　隧道沉降云图

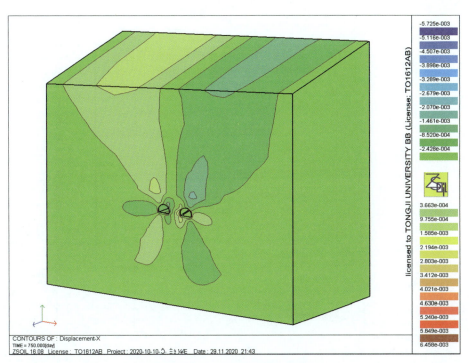

图 4.4-8　水平方向变形云图

大断面隧道侧视角下的隧道变形云图如图 4.4-9 ~ 图 4.4-11 所示。

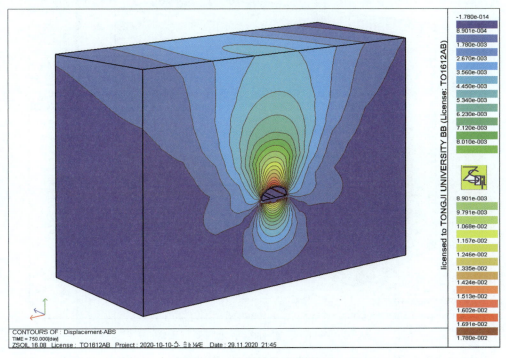

图 4.4-9　隧道整体变形云图

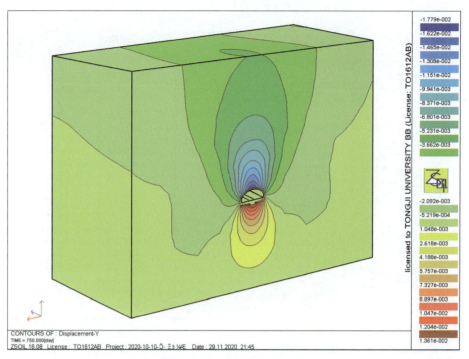

图 4.4-10　大断面沉降云图

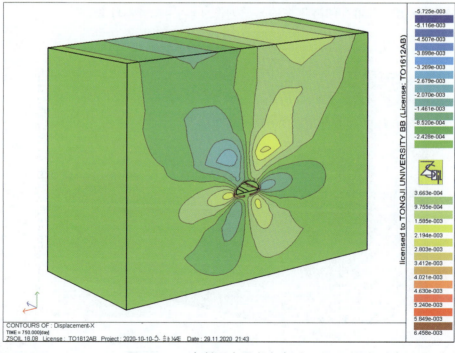

图 4.4-11　大断面水平方向变形云图

从初衬变形云图（图 4.4-12、图 4.4-13）中可以看出，初衬最大变形发生在拱顶，

虽然连拱隧道与大跨隧道交界处应力集中，但是由于空间效应的影响，大跨隧道在交界处对应的变形相对较小，而连拱隧道交界处拱顶沉降大于远离交界处的拱顶沉降值。

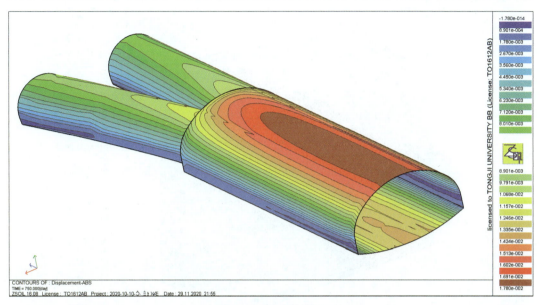

图 4.4-12　初衬整体变形云图

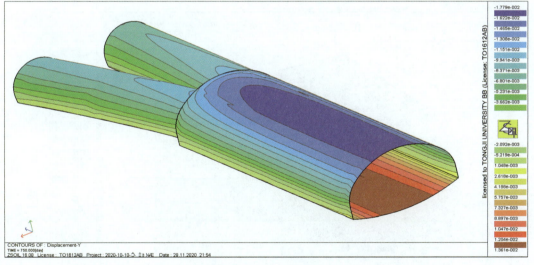

图 4.4-13　沉降云图

4.4.3　实际施工工法

在实际施工工法下，计算结果显示，隧道整体变形最大约 13.95 mm，沉降最大值 13.94 mm，仰拱隆起最大值 10.94 mm，最大水平位移 10.74 mm，发生在隧道断面过渡位置的中夹岩体位置，如图 4.4-14 ~ 图 4.4-16 所示。由于隧道处围岩开挖，原来由该处围岩承受的荷载由两侧壁围岩承受，从而隧道两侧壁围岩出现压应力集中，而隧道拱顶和仰拱则呈现应力释放的状态。

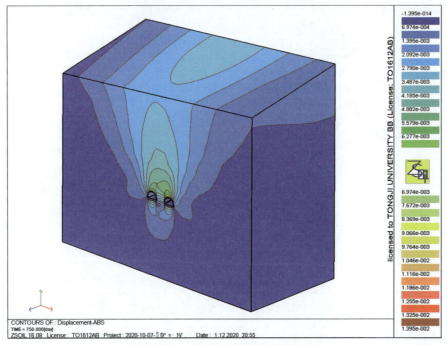

图 4.4-14　实际工法整体变形云图

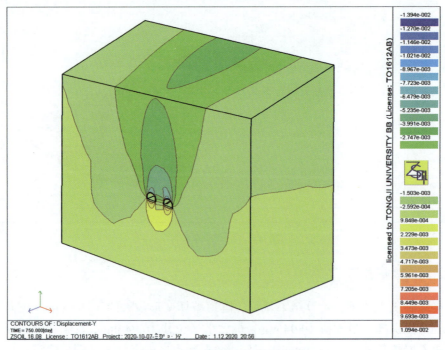

图 4.4-15　实际工法沉降云图

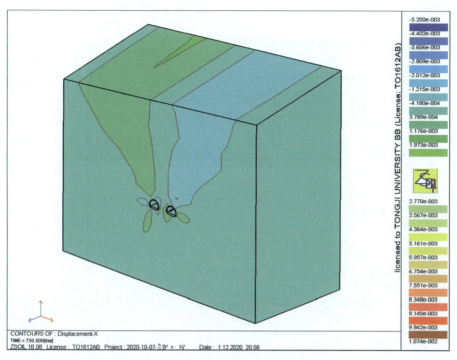

图 4.4-16　实际工法水平方向变形云图

大断面隧道侧视角下实际工法中的隧道变形云图如图 4.4-17 ~ 图 4.4-19 所示。

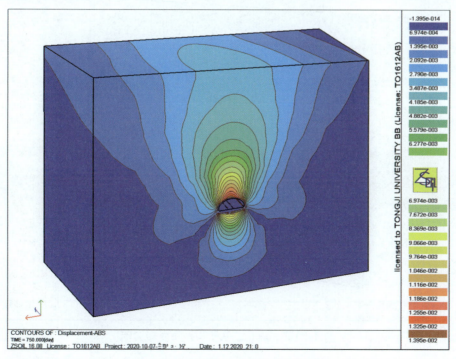

图 4.4-17　实际工法整体变形云图

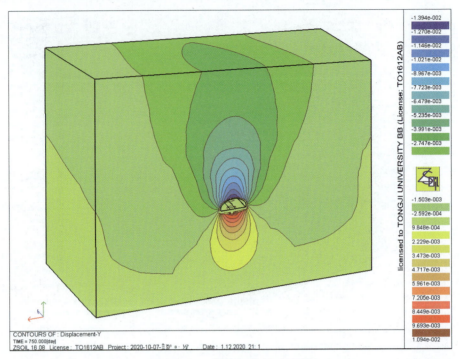

图 4.4-18　实际工法沉降云图

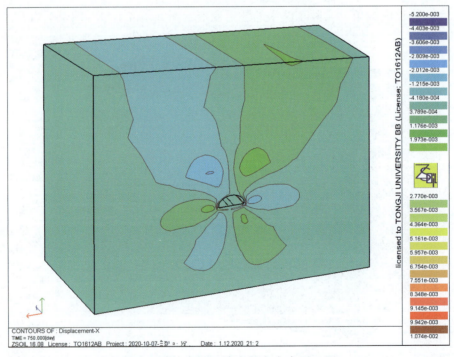

图 4.4-19　实际工法水平方向变形云图

从初衬变形云图（图 4.4-20、图 4.4-21）中可以看出，初衬最大变形发生在拱顶，

虽然连拱隧道与大跨隧道交界处应力集中，但是由于空间效应的影响，大跨隧道在交界处对应的变形相对较小，而连拱隧道交界处拱顶沉降大于远离交界处的拱顶沉降值。

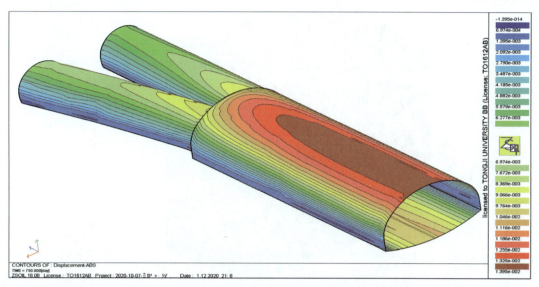

图 4.4-20 实际工法初衬整体变形云图

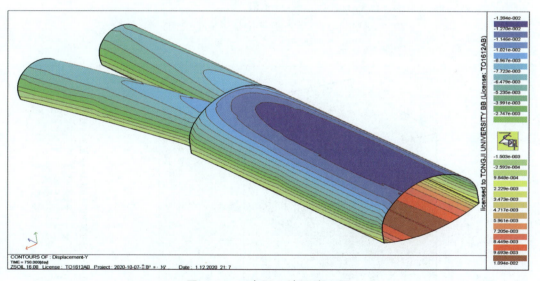

图 4.4-21 实际工法沉降云图

4.4.4 全断面开挖工况

在全断面开挖工法下，计算结果显示，隧道整体变形最大约 14.46 mm，沉降最大值 14.45 mm，仰拱隆起最大值 10.86 mm，最大水平位移 2.91 mm，发生在隧道断面过渡位置的中夹岩体位置，如图 4.4-22 ~ 图 4.4-27 所示。由于隧道处围岩开挖，原来由该处围岩承受的荷载由两侧壁围岩承受，从而隧道两侧壁围岩出现压应力集中，而隧道拱顶和仰拱则呈现应力释放的状态。

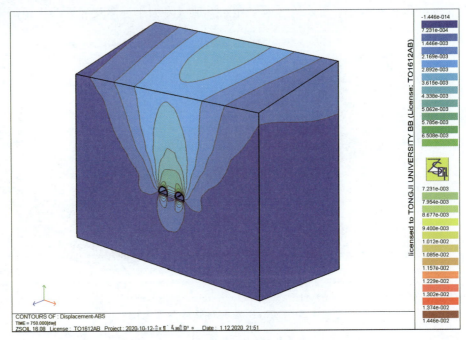

图 4.4-22　全断面开挖整体变形云图

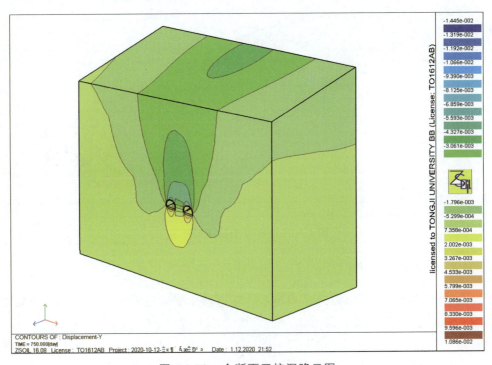

图 4.4-23　全断面开挖沉降云图

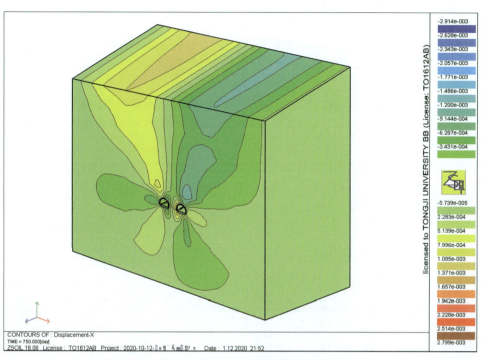

图 4.4-24 全断面开挖水平方向变形云图

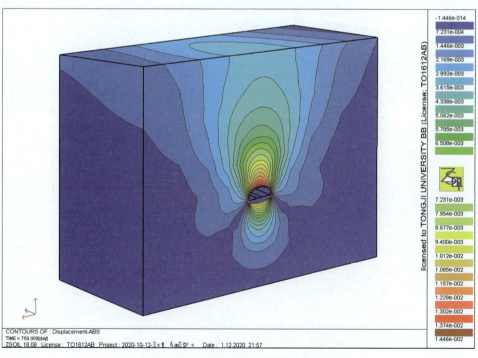

图 4.4-25 全断面开挖整体变形云图

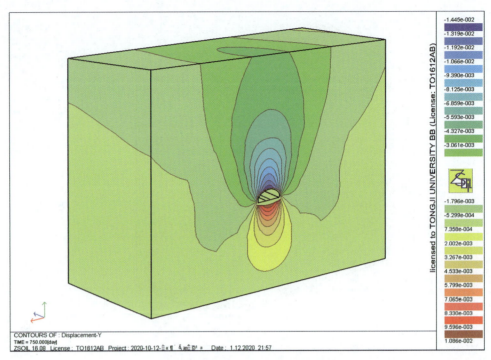

图 4.4-26　全断面开挖沉降云图

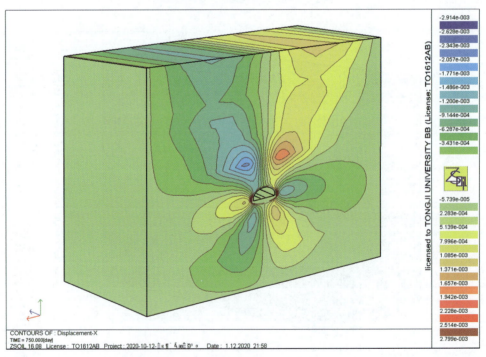

图 4.4-27　全断面开挖水平方向变形云图

从初衬变形云图（图 4.4-28、图 4.4-29）中可以看出，初衬最大变形发生在拱顶，

虽然连拱隧道与大跨隧道交界处应力集中，但是由于空间效应的影响，大跨隧道在交界处对应的变形相对较小，而连拱隧道交界处拱顶沉降大于远离交界处的拱顶沉降值。

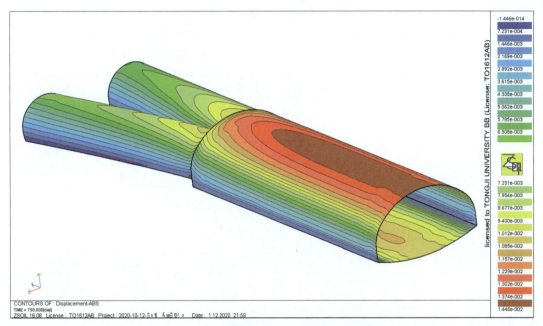

图 4.4-28　全断面开挖初衬整体变形云图

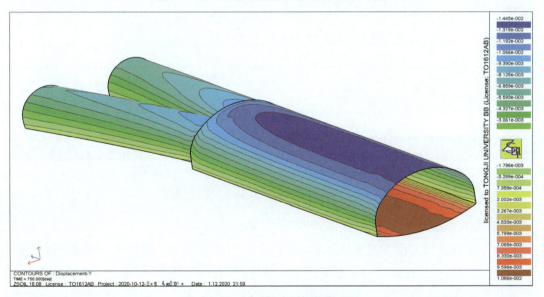

图 4.4-29　全断面开挖沉降云图

综上，通过对原设计工法、现场实际施工工法和全断面开挖工况进行三维数值模拟分析，结果统计如表 4.4-1 所列。可发现，对于总体变形，双侧壁导坑法的整体变形与位移相比于三台阶法降低了 23%，双侧壁导坑工法和全断面开挖法的整体变形与位移应力差异相对较小；三种施工工法的初衬最大变形发生在拱顶，三台阶开挖工法的衬砌变形最大，数值为 17.8 mm；全断面开挖工序简单、施工速度快，但其导致的初衬弯矩最大，施工前需充分考虑围岩条件，如围岩条件较差，则不能采用此施工方案；若充分保证施工过程中的安全性，则优先考虑衬砌内力最小的双侧壁导坑法施工。

表 4.4-1　三种工况计算结果对比表

项目		单位	原设计工法	施工工法	全断面工法
总体	整体变形	mm	17.8	13.95	14.46
	沉降	mm	17.79	13.94	14.45
	隆起	mm	13.61	10.94	10.86
	水平位移	mm	6.46	10.74	2.91
	围岩应力	MPa	7.7	8.4	7.05
	二衬 Y 向应力	MPa	20.58	21.3	6.79
	二衬 Y 向应变	10^{-6}	645	700	226
小间距和连拱	初衬弯矩	kN·m/m	126.8	105.5	186.5
	初衬剪力	kN/m	692.8	437.1	1 002
	初衬轴力	kN/m	4 325	6 041	9 610
	中夹岩锚杆	kN	119	120.6	155.4
	系统锚杆	kN	48.9	42.3	40.98
大断面隧道	初衬弯矩	kN·m/m	173.7	159.4	181.9
	初衬剪力	kN/m	942.4	843.6	626
	初衬轴力	kN/m	6 563	6053	5228
	系统锚杆	kN	66.53	68.27	61.78

4.5　虎跳峡彪水岩大断面分岔隧道科研监测分析与应用

4.5.1　虎跳峡彪水岩大断面隧道施工控制监测分析

4.5.1.1　大断面分岔互通隧道断面布置

分岔段隧道监测断面布置，如图 4.5-1 所示，7 个横截面。根据施工现场进度情况，1—1、2—2、3—3 断面二衬已施工完毕，宜考虑布设混凝土表面应变计；4—4、5—5 断面初期支护基本施工完毕，宜布设初期支护与二衬间土压力盒和二衬钢筋计；6—6、7—7 剖面目前还未施工，可布设围岩与初期支护间土压力盒、初期支护与二衬间土压力盒以及钢筋计、锚杆应力计和渗压计。断面布设形式如图 4.5-1 所示（图中测点位置为建议安装示意，现场安装过程中应根据实际情况确定，并应准确记录测点在横断面上的位置，方便后续监测结果与建模计算结果对比分析）。

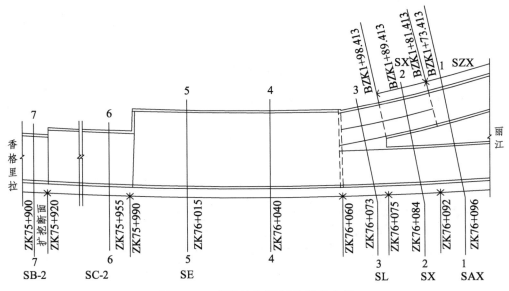

图 4.5-1　虎跳峡各断面监测点布置

4.5.1.2　分岔隧道随施工顺序的各断面测点布置

监控量测内容主要为洞周收敛、拱顶下沉、围岩和初衬间接触压力、初衬和二衬间接触压力、锚杆轴力、钢拱架内力、中墙内力、衬砌内力等。

1）大断面隧道 SE 段

其断面测点布置图如图 4.5-2 所示。

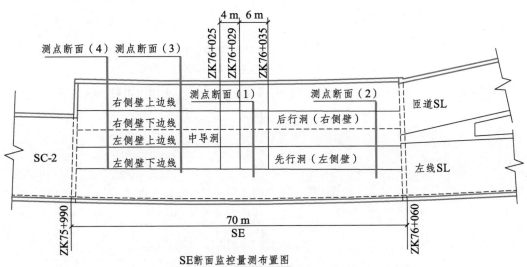

说明：①监测项目：仰拱压力、围岩压力、两层支护间压力、钢架内力及外力。
　　　②监测区域：断面（1）及断面（2）监测区域为中导及仰拱；断面（3）及断面
　　　（4）为右侧壁、中导及仰拱。

图 4.5-2　SE 断面监测点布置

监测土压力盒布置图如图 4.5-3 所示，其监测内容为：围岩与初衬压力、两层支护间压力、钢拱架内外力。

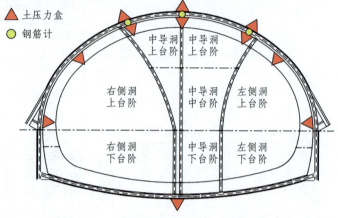

图 4.5-3　SE 断面土压力盒（1、2 断面）

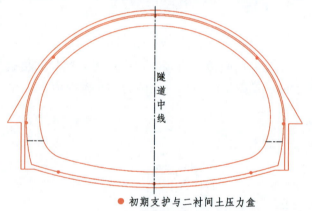

图 4.5-4　SE 断面土压力盒布置（4—4 和 5—5 断面）

从图 4.5-4 与图 4.5-5 可知 4—4 和 5—5 剖面，土压力盒共 16 只，钢筋计共 32 只。

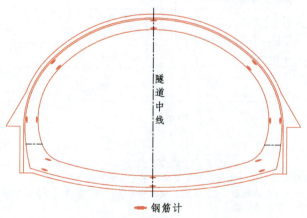

图 4.5-5　SE 断面钢筋计布置（4—4 和 5—5 断面）

从图 4.5-6 与图 4.5-7 可知，初期支护、二衬之间土压力盒共计 16 只，钢筋计共计 32 支，锚杆应力计 3 支，渗压计 3 只。

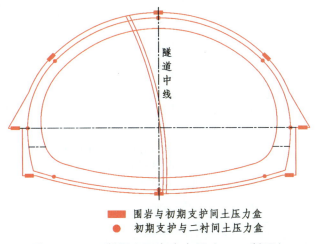

图 4.5-6　SE 断面土压力盒布置（6—6 断面）

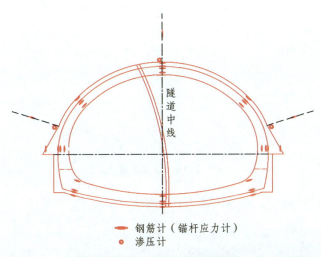

图 4.5-7　SE 断面锚杆应力计、渗压计布置（6—6 断面）

从图 4.5-8 与图 4.5-9 中可知，初期支护、二衬之间土压力盒共计 16 只，钢筋计共计 32 支，锚杆应力计 3 支，渗压计 3 只。

2）由分离式隧道至小净距段

小净距隧道两车道隧道台阶开挖时，主要开展围岩与初衬、初衬与二衬间的接触压力，拱顶下沉，洞周收敛，锚杆轴力以及渗水压力的监测。随开挖面扩大而增加测点，补充前一开挖步的监测数据，形成空间测点分布上的对照以及时间上监测数据变化趋势的对应。分离断面混凝土应变计布置如图 4.5-10 所示。

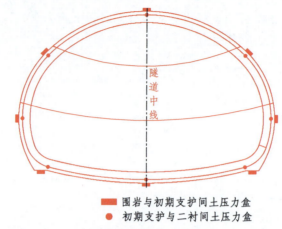

■ 围岩与初期支护间土压力盒
● 初期支护与二衬间土压力盒

图 4.5-8　SB 断面剖面土压力盒布置（7—7 断面）

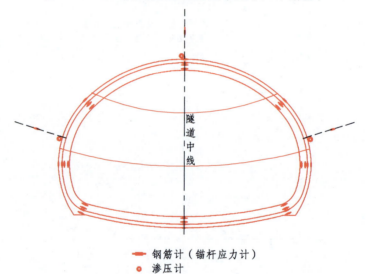

▬ 钢筋计（锚杆应力计）
◉ 渗压计

图 4.5-9　SB 锚杆应力计、渗压计布置（7—7 断面）

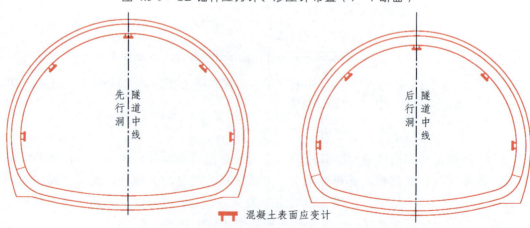

▬ 混凝土表面应变计

图 4.5-10　分离断面混凝土应变计布置（1—1 断面）

3）由分离式隧道至连拱隧道段

随掌子面推进，当两隧道净距小于 10 m 时，应增加对对拉锚索进行轴力的监测，保证过渡段中隔岩柱的稳定性以及监测注浆加固和锚索的效果。小净距隧道断面混凝土应变计布置如图 4.5-11 所示。

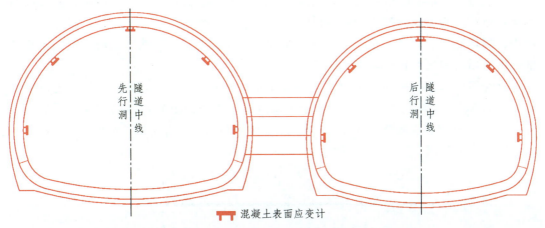

图 4.5-11 小净距隧道断面混凝土应变计布置（2—2 断面）

连拱段中导洞施工时，应加入对中墙应力的监测，同时开展围岩与初衬、初衬与二衬间的接触压力，拱顶下沉，洞周收敛，锚杆轴力的监测。连拱隧道断面混凝土应变计布置如图 4.5-12 所示。

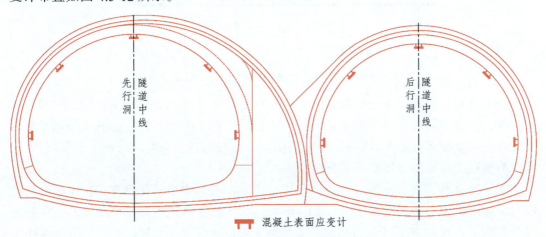

图 4.5-12 连拱隧道断面混凝土应变计布置（3—3 断面）

图 4.5-10、图 4.5-11 与图 4.5-12 的混凝土应变计均为 10 只。

分阶段监测方案能够适应大断面分岔互通隧道断面大、形式多样、工法转换复杂的特点。虎跳峡高速公路彪水岩分岔隧道处于软弱破碎围岩段并且断层破碎带发育，应有针对性地设计分阶段监测方案，确保及时获取监测数据，进行动态反馈设计。根据对不同阶段获取的数据进行对比，验证或调整先行制定的施工工法及工序，对达到预警值的部位加强支护措施。将随施工推进获取的一系列监测数据进行整理分析，形成整个分岔段的监测数据网，为施工期安全及运营期稳定提供依据。

4.5.1.3　B匝道、彪水岩交叠隧道分段测点布置

B匝道与彪水岩隧道主线竖向立体交叉，水平夹角呈80°交角，两隧道轮廓线的最小净距较小，为了解两隧道的影响程度，需要布置监测点。已知交叉处位于F205-2断层中，岩体跌碎，构造岩破碎带中存在裂隙承压水，并具有沿构造破碎带定向富集特征。岩体质量等级为Ⅳ级。

立交段隧道监测断面设置如图4.5-13所示。断面1、2、3埋设于下层隧道，断面4、5、6埋设于上层隧道。断面2位于上层隧道中线处，断面1、3位于上层隧道边缘处。断面5位于下层隧道中线处，断面4、6位于距断面5有1倍跨径处。

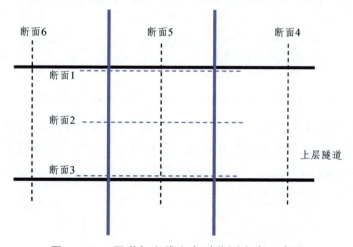

图4.5-13　匝道与主线立交时监测方案示意图

每个监测断面，围岩与初期支护之间压力宜为8个测点，初期支护与二衬间为8个测点。沿隧道周边在钢拱架内、外侧对称地设置8对钢筋计（共16只）进行监测。二衬内力每个断面设置8对（共16个）钢筋计。系统锚杆每个监测断面3个监测锚杆，共3个测点。渗水压力每断面3个测点。

下穿的B匝道按三台阶法开挖，完成匝道S4L型衬砌段开挖及支护；B匝道交叉段二次衬砌施工，超过主线外轮廓线距离不小于5倍主线隧道开挖宽度后，上穿的主线准备施工；待B匝道交叉段二次衬砌混凝土强度达到设计强度后上穿的主线南线采用严格控制爆破震速的弱爆破、台阶法施工。

本节点应主要关注立体交叉点上下叠夹岩层的位移测量及匝道的拱顶下沉。匝道与主线立体交叉点监测项目如表4.5-1。

预期监测成果：

现场量测应根据要求进行测点埋设、日常量测和数据处理，及时反馈信息，并根据地质条件的变化和施工异常情况，及时调整监控量测计划。

表 4.5-1　匝道与主线立体交叉点监测项目

监测项目	监测仪器	必测	选测
拱顶下沉	水准仪		✓
洞周收敛	收敛计		✓
围岩位移（径向）	多点位移计		✓
围岩位移（水平）	测斜仪		✓
围岩内压力	压力盒		✓
衬砌混凝土内压力	压力盒	✓	
衬砌钢筋应力	钢筋应力计	✓	
围岩与衬砌接触压力	压力盒		✓
围岩松动圈	弹性波		✓

现场测点读数读三次，取其平均值，并详细记录。

监控量测数据分析主要包括以下几方面：

（1）拱顶下沉、净空收敛的位移量，绘制时态曲线。

（2）围岩应力及其与支护结构间接触压力值，绘制时态曲线和断面压力分布图。

（3）初期支护、二次衬砌应力值，绘制时态曲线和断面内力分布图。

（4）钢拱架的轴力值，绘制纵向和横向时态曲线。

4.5.2　虎跳峡数值计算结果与现场监测对比分析

在拱顶及距离隧道轴线水平距离 3 m 处分别设置拱顶下沉测点中测点和左右测点；在起拱线以上 1.5 m 处安设周边位移测点。测点布置见图 4.5-14。

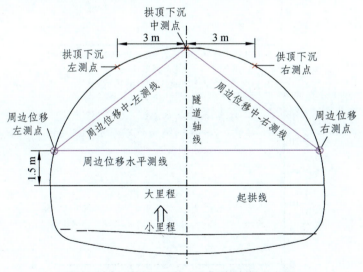

图 4.5-14　拱顶下沉、水平位移测点布置

根据位移判断可知：当实测累计位移小于 1/3 设计极限位移时，可以正常施工；大

于 1/3 小于 2/3 设计极限位移时应加强支护,同时加强监测和做好采取特殊措施的准备;当大于 2/3 设计极限位移时,应采取特殊处理措施。一般情况下,宜将隧道设计的预留变形量作为极限位移,而设计变形量应根据监测结果不断修正。

为比较监测数据的发展情况,选取了典型桩号的拱顶竖向位移随时间演化规律,具体变化规律如图 4.5-15 所示。

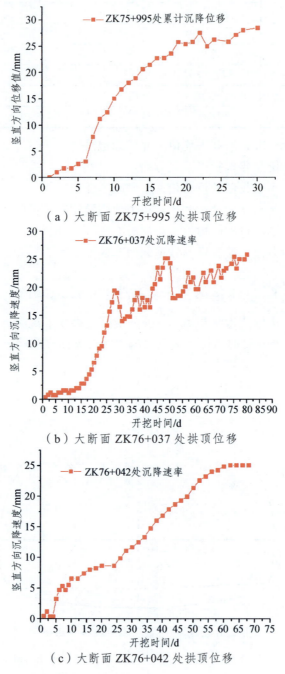

（a）大断面 ZK75+995 处拱顶位移

（b）大断面 ZK76+037 处拱顶位移

（c）大断面 ZK76+042 处拱顶位移

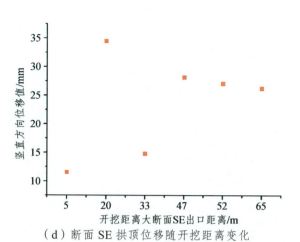

（d）断面 SE 拱顶位移随开挖距离变化

图 4.5-15　大断面 SE 不同位置及不同时间的竖向位移变化图

大断面不同位置处的位移在 50 d 后的变化幅度较小，开始趋于稳定状态，从大断面出口处向分岔隧道靠近的过程中，大断面的拱顶竖向位移整体呈现增加趋势，数值接近 27.2 mm，如图 4.5-16 所示。

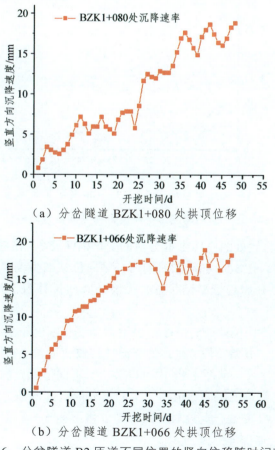

（a）分岔隧道 BZK1+080 处拱顶位移

（b）分岔隧道 BZK1+066 处拱顶位移

图 4.5-16　分岔隧道 B2 匝道不同位置的竖向位移随时间变化图

B2 匝道不同位置处的位移在 35 d 后的变化幅度较小，开始趋于稳定状态，最终的竖向位移数值接近 17.5 mm，如图 4.5-17 所示。

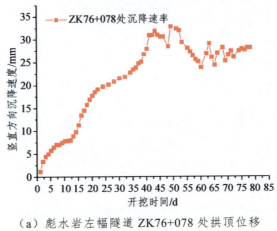

（a）彪水岩左幅隧道 ZK76+078 处拱顶位移

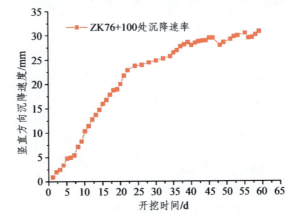

（b）彪水岩左幅隧道 ZK76+100 处拱顶位移

图 4.5-17 彪水岩右幅隧道不同位置的竖向位移随时间变化图

彪水岩左幅不同位置处的位移在 40 d 后的变化幅度较小，在桩号为 78 的位置，45 d 的竖向位移开始减少，在 50 ~ 60 d 的时间内，竖向位移减少较多，桩号为 100 处 40 d 后的位移缓慢增长，开始趋于稳定状态，最终的竖向位移数值接近 28.75 mm，如图 4.5-18 所示。

交叠隧道 B 隧道不同位置处的位移在 25 d 后的变化幅度较小，从图 4.5-18 的（a）、（b）、（c）中可以看出，开始阶段，拱顶的竖向位移快速增长（开挖后的 10 d 内），25 d 后竖向位移开始缓慢增大；从图（d）中可以看出，不同位置处的竖向沉降位移呈现波动变化，总体而言在两端的沉降数值小于中间部分的沉降数值，上下叠隧道的交叉位置处距隧道的出口处约 35 m，此处对应的沉降位移为 44 mm，最终的竖向位移数值平均值接近 42.35 mm，如图 4.5-19 所示。

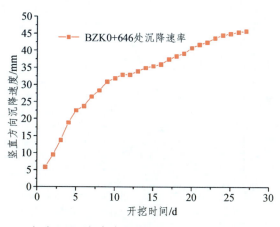

（a）B匝道隧道 BZK0+646 处拱顶位移

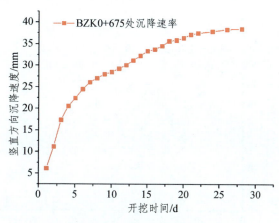

（b）B匝道隧道 BZK0+675 处拱顶位移

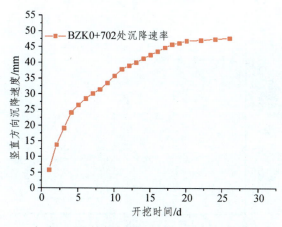

（c）B匝道隧道 BZK0+702 处拱顶位移

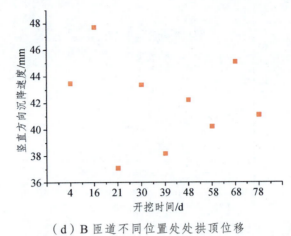

（d）B 匝道不同位置处处拱顶位移

图 4.5-18　交叠隧道 B 隧道不同位置及不同时间的竖向位移变化图

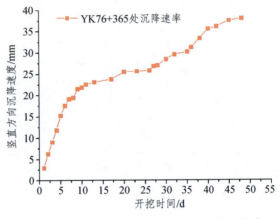

（a）上长坪右幅隧道 YK76+365 处拱顶位移

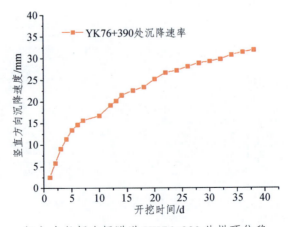

（b）上长坪右幅隧道 YK76+390 处拱顶位移

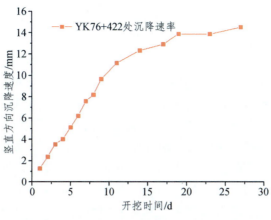

（c）上长坪右幅隧道 YK76+422 处拱顶位移

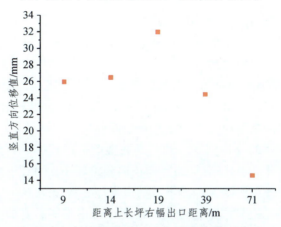

（d）上长坪右幅隧道不同位置处拱顶位移

图 4.5-19 交叠隧道上长坪右幅隧道不同位置及不同时间的竖向位移变化图

上长坪右幅不同位置处的位移在 20 d 后的变化幅度较小，从图 4.5-19 的（a）、（b）、（c）中可以看出，开始阶段，拱顶的竖向位移快速增长（开挖后的 10d 内），20 d 后竖向位移开始缓慢增大；从图（d）中可以看出，不同位置处的竖向沉降位移随距离开挖面出口距离增大而呈现减少趋势，在上下叠隧道的交叉位置处距隧道的出口处约 40 m，此处对应的沉降位移为 24 mm，对应的沉降位移小于 B 匝隧道。上长坪隧道的沉降位移较小，这与隧道的围岩质量有关，当隧道围岩的埋深较大时，围岩的质量较好对应的沉降位移较小，此时的沉降位移数值，与数值模拟结果较为接近。

4.6 本章小结

本章结合数值计算、方案设计研究、理论研究等方法，对虎跳峡地下立交隧道关键节点施工安全保障技术开展了系列模型，取得了以下研究成果与结论：

（1）对彪水岩大断面分岔互通隧道荷载分布模式进行了研究，建立了山区高速公路大断面分岔隧道的三维计算方法模型，根据围岩应力的变化情况，在此基础上进行不同跨度隧道的压力拱高度计算，得到了山区高速公路大断面分岔隧道围岩塌落拱的空间分布规律；根据新的塌落拱判别方法确定分岔隧道不同区段围岩竖向荷载在隧道纵向的变化规律，得到分区段荷载的分布规律，并引入了隧道安全间距的影响，对之前研究成果的系数进行了修正；结合塌落拱变化规律与围岩的拉应变判断准则，得到了中夹岩的荷载变化规律与拉应变扰动区随纵向距离的变化规律。

（2）对Ⅳ级与Ⅴ级围岩进行锚喷、衬砌支护后，Ⅳ级围岩的拉应变扰动区改善效果较小，Ⅴ级围岩施作衬砌支护后，拉应变扰动区大幅度减少，同时水平位移与竖向位移减小幅度更加明显；同等条件下，在围岩等级较差时，锚喷、衬砌支护发挥的作用更为明显。

（3）对围岩参数进行整体与局部强度折减分析，参照位移突变或者计算结果的收敛情况作为判断依据，得到整体强度折减后，围岩的安全系数为 1.63，同样进行围岩局部强度参数折减后，得到大断面、连拱隧道、小间距隧道的安全系数分别为 1.75、2.88、1.81；从局部安全系数可知，大断面隧道对围岩稳定性的影响较大。

（4）根据围岩的稳定性和最终的收敛变形，综合比较大断面法、三台阶法与双侧壁导坑施工工法可知，在本项目中应优先选取双侧壁导坑法。

（5）综合交叠隧道的分析内容可知，当两隧道平行开挖时，其张拉应变扰动区的范围最大，交叠角度45°与90°对应的竖向位移差别较小；对于三维隧道，隧道的位移随上下叠夹岩的厚度减少而增大，当上下叠夹岩厚度为 $0.75D$ 时，两隧道交叠处的张拉扰动区全部贯通；无论是二维还是三维情况，采用先下后上的开挖顺序相比先上后下的开挖顺序更优，其对应的地面沉降位移、上洞拱顶的沉降位移以及张拉应变扰动区的范围均较小。

（6）结合工程概况开展了大断面分岔互通隧道科研监测技术研究，针对大断面分岔互通隧道，提出了随施工分断面形式的监测技术与监测方案；在大断面隧道段关注隧道仰拱压力、围岩压力、两层支护间压力、钢架内力及外力，在连拱、小间距隧道段关注隧道仰拱压力、围岩压力。

第 5 章
地下立交运营通风技术研究

地下立交通风系统的合理设置，是保证地下立交安全、舒适、环保营运的重要技术。本章结合大型地下互通立交的设置形式、交通流特性等，通过研究其合理的通风方式、营运期间的气流组织及节能技术等问题，以适应公路建设的可持续发展战略和环境保护政策，并为地下立交隧道的建设提供理论依据。

5.1 地下立交隧道通风环境研究

5.1.1 地下立交隧道主要污染物及通风要求

地下立交隧道是一个半封闭空间，随着车流量的增大，洞内空气质量将被汽车尾气污染并使其浓度逐渐积累，达到一定程度后，就会影响行车安全、人员身体健康等。地下立交在对隧道通风系统的影响上具有如下特点：

（1）城区地下立交隧道车流量巨大，且以小型车及客运车辆为主，隧道内的通风标准要求较高。

（2）地下立交隧道在结构上存在分岔，由于车流的汇入与分离，将影响风流的分流与合流。

（3）地下立交隧道存在线形较差的匝道隧道，影响隧道内风流的顺畅流动。

（4）地下立交地处城区，对洞口环境保护的要求较高。

（5）地下立交隧道的高标准通风要求，需考虑洞内气流组织的合理性、经济性。

（6）受地理位置的影响，按需设置足够数量的通风井存在较大难度。

为解决地下立交通风问题，需对隧道内可能产生的污染物及其影响进行研究，从而建立合理的控制方案降低隧道内污染物浓度达到卫生标准、安全标准以及舒适性标准等。隧道内空气污染物主要来自通过隧道的机动车的排放物及行车过程中带入隧道中的粉尘。研究发现，机动车排放的尾气含有 100 多种化学污染物，其中以一氧化碳（CO）、氮氧化物（NO_x）和颗粒物等为主。

地下立交隧道通风环境不仅要满足洞内行车的安全性、舒适性要求，而且还需满足洞外环境敏感点的空气质量要求。隧道通风系统设置得好坏直接关系到隧道内、外的环境好坏，是城市可持续发展的重要因素。据统计，我国大城市 80% 以上的 CO 和 40% 以上的 NO_x 来自机动车排放，机动车尾气正逐渐超越工业污染排放和燃煤排放成为城市大气污染的首要来源。

5.1.2 地下立交隧道污染物浓度标准研究

洞内污染物浓度控制标准直接关系到隧道内行车环境的安全性和舒适性，同时将是决定隧道通风系统规模的基础。通过调研我们不难发现，随着人们对环境以及安全要求的提高，对 CO 浓度和烟雾浓度的要求越来越严格。依据我国的国情和国外不同交通状况下的设计浓度，本书通过综合分析确定地下立交隧道的通风标准见表 5.1-1。

表 5.1-1 隧道不同工况下的通风标准

交通状况	车速/（km/h）	CO 浓度/×10^{-6}	烟雾浓度/m^{-1}	换气次数/（次/h）
正常	80	100	0.005	3
慢速	30	125	0.007	3
全段阻塞	20	150	0.009	3
局部阻塞	10	150	0.009	3

5.2 地下立交隧道通风方式研究

5.2.1 隧道通风方式的种类及特点分析

根据风流在隧道内的流动特性，机械通风可以分为全横向、半横向和纵向式，纵向通风方式中又分为全射流纵向式、洞口集中送入式、集中排出式、竖/斜井送排式、静电吸尘式以及组合通风方式等。隧道通风方式的选择取决于隧道长度、结构形式、交通条件、所处地理条件、经济性及环保性要求等。

5.2.1.1 全横向式通风方式

全横向式通风方式需设置独立的送、排风道，新鲜空气经送风道从隧道一侧的送风孔横向流经隧道断面空间，将隧道内的有害气体与烟尘稀释后从另一侧排风孔进入排风道排出洞外，隧道纵向几乎没有风流。但对于单向行车隧道，由于交通通风力的作用，在隧道纵向会产生一定的纵向风速。其主要特点如下：

（1）能保持整个隧道全程均匀的废气浓度和最佳的能见度，新鲜空气得到充分利用。

（2）隧道纵向无气流流动，对驾驶人员舒适感有利，同时也有利于防火排烟。

（3）隧道长度不受限制，能适应最大的隧道长度。

（4）对洞口的环保有利。

（5）土建工程量巨大，需设置独立的送排风道，投资成本和运行费用高。

（6）单向行车隧道不能有效利用交通活塞风。

（7）通风系统的分期实施困难。

5.2.1.2 半横向式通风方式

半横向式通风是介于纵向式与横向式之间的一种通风方式，根据风流在隧道内流动方向可分为送风半横向、排风半横向两种方式。新鲜空气从隧道一端或两端洞口引入，污染气体则经由隧道断面、排风孔及风道排出隧道，称为排风半横向式；反之，由风道、送风孔向隧道内送入新鲜空气，污染空气经隧道洞口排出，称为送风半横向式。其主要特点如下：

（1）工程投资、设备费用和运营费用均较全横向式有较大降低。

（2）适用长度有所限制。随着隧道长度的增加，隧道中部的通风效果将受到较大影响。

（3）送风半横向式的通风效果较好。排风半横向式的通风效果受长度、系统设置的影响较大，风道末端的通风效果显著降低。

（4）通风系统的分期实施较为困难。

5.2.1.3　纵向式通风方式

纵向式通风方式为新鲜空气从隧道一端引入，污染空气从另一端排出，隧道内的污染风流沿纵向流经全隧道。纵向式通风方式又可分为如下分类：

1）全射流纵向式

这种方式的通风动力完全由安装在隧道内的多台射流风机提供。其具有如下特点：

（1）车道作为风道，风压损失较小，隧道土建工程量小，工程造价较低。

（2）对于单向行车的隧道可有效利用行车的活塞风作用，运营费用低。

（3）可根据交通量的增长情况分期安装风机，从而减少工程初期投资。

（4）通风控制简单，易于操作。

（5）隧道发生火灾时，对于单向行车隧道可通过控制烟气流向，保证火灾后方的车辆不受烟流危害，但烟气流程较长；对于双向行车隧道，则存在排烟不利的现象。

（6）适用长度受到限制。

（7）不利于洞口的环境保护。

2）洞口集中送入式

这种方式的通风动力由洞口设置的大型轴流风机集中提供洞内空气流动的升压力。其特点如下：

（1）车道作为风道，风压损失较小，对于单向行车的隧道可有效利用行车的活塞风作用，运营费用较低。

（2）不易于工程的分期实施。

（3）维护管理较为方便。

（4）隧道发生火灾时，对于单向行车隧道可通过控制烟气流向，保证火灾后方的车辆不受烟流危害，但烟气流程较长；对于双向行车隧道，则存在排烟不利的现象。

（5）适用长度受到限制。

（6）不利于洞口的环境保护。

3）集中排出式

这种方式是在隧道中部或靠近隧道出口侧设置大型轴流风机，集中排出洞内污染空气。其特点如下：

（1）车道作为风道，风压损失较小，对于单向行车的隧道部分长度隧道的交通活塞风不能有效利用，运营费用稍高。

（2）不易于工程的分期实施。

（3）维护管理较为方便。

（4）火灾时排烟不便。

（5）适用长度受到限制。

（6）有利于洞口的环境保护。

4）竖/斜井分段送排

这种方式是通过设置一座或几座送排风井及大型轴流风机分段排出污染空气并送入新鲜空气稀释洞内污染空气，以满足洞内行车环境要求。其特点如下：

（1）适用长度不受限制。

（2）单向交通隧道可有效利用交通活塞风。

（3）工程造价及营运费用稍高。

（4）维护管理方便。

（5）对于单向交通隧道，易于控制火灾烟雾流向，但烟雾流程较长。

（6）对洞口空气环境有一定影响。

5）静电吸尘通风方式

这种方式是通过设置在隧道内的静电吸尘装置净化洞内污染空气，降低其烟雾颗粒物的浓度，作为"新鲜"空气再次用于稀释洞内污染空气，以满足通风需求。其特点如下：

（1）适用长度不受限制。

（2）单向交通隧道可有效利用交通活塞风。

（3）工程造价及营运费用一般。

（4）不易于分期实施。

（5）火灾排烟不便。

5.2.1.4　组合纵向式通风方式

各种通风方式可单独使用，同时可根据隧道的条件进行各种方式组合。目前，采用射流风机作为辅助通风手段的纵向通风方式较多，应用较多的主要有以下几种：

1）竖/斜井分段送排风+射流风机组合纵向式通风

此类通风方式目前多用于高速公路隧道。射流风机主要起调压作用。该通风方式兼具两种纵向式通风方式的特点。

2）竖/斜井分段送排风+射流风机纵向式通风+专用烟道半横向排烟

此类通风方式主要应用于对防灾要求较高、断面结构形式较大的水下隧道。目前国内采用该方式的工程为：武汉长江隧道（3 295 m）、南京长江隧道（3 825 m），正常运营通风设计采用了纵向式通风方案，隧道顶部设有专用排烟道，在行车道底板隧道下部空间设置有专用逃生通道；上海沪崇越江隧道（8 100 m），正常运营通风设计采用了全射流纵向式通风方案，隧道顶部设置了专用排烟道，没有设置专用的服务或其他救援辅助隧道。

3）竖/斜井集中排风+射流风机组合纵向式通风

此类通风方式多用于隧道出口位于敏感建筑物较多、居民聚居等对环保要求较高的区域的城区隧道。竖/斜井的设置主要用于集中高空排放洞内污染空气，减少对洞口周围环境的影响。

5.2.2　通风方式的选择分析

根据各种通风方式的优缺点可针对隧道的工程条件、交通特性等选用合理的通风方式。根据国内外隧道通风方式演变和发展趋势及工程实例应用效果，提出各种通风方式的选择原则及适用条件。

通风方式的选用应综合考虑隧道长度、交通条件、地理环境、地形/地物/地质、车道内风速、对于周边环境的影响、火灾时通风排烟的便利性及安全性、维护管理、经济性、阶段性建设等因素，针对工程自身条件确定相对合理、适用的通风方式。

各主要通风方式的适用条件见表 5.2-1。

大型地下互通式立交基本为单向通行的交通隧道，交通流巨大且以小型车、客运车辆为主，为提供日渐提高的服务水平，满足其更高的运营安全性、舒适性、经济性要求，在通风方式的选择上对于隧道断面形式较为紧凑的马蹄形断面或矩形断面应优先考虑采用纵向式通风方式，并以全射流纵向式、竖井分段送排+射流风机组合纵向式为主要考虑的通风方式。这样不但可减少在隧道内设置主风道（送、排风道）的空间、降低工程造价，还能有效利用交通活塞风、节约能源。对于空间较为充裕的圆形断面隧道，且对洞内空气质量、风速、安全性等有较高要求时，可考虑采用全横向/半横向通风方式或排烟方式，并主要考虑采用全横向或送风半横向通风方式。

同时对于单向通行的交通隧道，尤其是旅游区的地下立交隧道，在交通流高峰期，交通流巨大、交通状况复杂，容易引起交通的慢行或阻塞，若此时隧道内发生火灾，洞内大量滞留车辆及人员的疏散逃生问题是首要考虑的问题。在设计时，应综合考虑日常营运通风方式与火灾时通风排烟的结合。为缩短火灾烟气流程、减小其影响范围，便于人员的逃生，火灾工况可考虑采用半横向通风排烟方式；正常营运工况可结合工程自身特点选择适宜的通风方式。

表5.2-1　各种通风方式适用条件

通风方式	纵向式				静电吸尘式
	全射流风机	洞口集中送入式	集中排出式	竖井送排式	
理论适用长度	5 000 m 以内	5 000 m 左右	3 000 m 左右	不受限制	不受限制
交通特性的利用	单向交通	单向交通	单向交通	单向交通	单向交通
交通风的利用	有利	有利	部分不利	有利	有利
洞内环境要求	较低	一般	较低	一般	一般
防灾性能	一般	较差	一般	较差	较差
洞内通风效果	一般	一般	一般	较好	较好
洞口环保情况	较差	较差	较好	一般	较好
适用范围	长度较短、建设规模较小的地下立交隧道	长度较短、建设规模较小的地下立交隧道	对洞口环保要求较高的地下立交隧道	长度较长、建设规模较大的地下立交隧道	适用于以烟尘为主要污染物的隧道
适用断面形式	不受限制	不受限制	不受限制	不受限制	不受限制
工程造价及管运费用	较低	一般	一般	高	较高

通风方式	纵向式		半横向式		全横向式
	竖井送排+射流风机组合式	集中排出+射流风机组合式	送风半横向式	排风半横向式	
理论适用长度	不受限制	5 000 m 以内	3 000 m 左右	3 000 m 左右	不受限制
交通特性的利用	单向交通	单向交通	单向交通、交通特性复杂	单向交通、交通特性复杂	单向交通
交通风的利用	有利	部分不利	有利	不利	不利
洞内环境要求	较高	较高	一般	高	很高
防灾性能	较好	较好	较好、可反向排烟	较好	很好
洞内通风效果	较好	较好	很好	较好	很好
洞口环保情况	一般	一般	较差	很好	很好
适用范围	长度较长、建设规模较大的地下立交隧道	对洞口环保要求较高的地下立交隧道	对洞内行车环境要求较高、内空断面较大的地下立交隧道	对洞内行车环境要求高、内空断面较大的地下立交隧道	对洞内行车环境要求高、内空断面大的地下立交隧道
适用断面形式	不受限制	不受限制	圆形断面/单洞多车道大断面	圆形/单洞多车道大断面	圆形/单洞多车道大断面
工程造价及管运费用	较高	较高	较高	高	很高

5.3 地下立交隧道气流组织研究

公路隧道运营通风系统是一个动态体系，随着交通量、交通状况的变化，隧道通风系统发生动态变化，但在一定条件下处于相对稳定状态。地下立交隧道由多条隧道组成，各支路的通风系统构成一个复杂的通风网络，整个隧道网络中风流方向的判断、各支路风量分配比例、各隧道通风参数界定等问题的解决均应对整个通风体系进行整体研究。在地下立交隧道运营通风设计及运营管理中，引入通风网络理论是定量描述多支路隧道运营通风系统的一种新思路，可为隧道通风监控系统的编程提供明确思路，从而使隧道在营运中可根据各支路交通流的大小、交通状况的改变等按需开启相应的通风系统，实现安全、节能运营。

地下立交隧道不仅存在多条车行通道即风流通道，还由于其规模的庞大在通风系统上存在多条专用风流通道，按照《公路隧道通风设计细则》（JTG/T D70/2-02—2014）关于隧道风机功率计算的方法可计算出近期、远期两种交通量情况下的风机最大配置功率，但对于营运期间风机开启数量、开启时间、轴流与射流风机配合等都难以根据交通量的时段变化、交通特性的改变、各支路隧道交通流的变化等进行详细的计算和风量、功率分配。而通风网络理论则研究风流在网络中的宏观特性问题，所有的通风系统都可用通风网络图表示，尤其对于地下立交隧道风流组织较为复杂的情况，利用通风网络理论可系统、宏观、动态地研究通风问题，既可为风机的选型、配置提供理论依据，又可为通风监控系统的编程、营运管理提供参考。

对于地下立交隧道复杂的通风系统，计算机技术的大力发展增加了通风网络理论的实用性，可实现对通风系统较为精确的定量计算。运用计算机对隧道通风网络进行分析，首先必须解决隧道通风网络的基本数学模型，可根据如前所述的隧道通风网络内风流变化必须遵守的三条规律建立，见式（5.3-1）、式（5.3-2）。对通风网络数学模型的解算，本书引用目前被广泛采用的斯考特-恒斯雷迭代法。该法是在满足风量平衡定律情况下，预先假定独立回路内各分支风量，根据风压平衡定律和阻力定律列出网孔风压平衡方程，再按照方程式的泰勒级数展开式求风量的校正值 ΔQ_j，对风量初拟值作第一次修正，用第一次修正风量求算第二次修正值，修正得各分支第二次渐进风量，直到满足工程的预定精度为止。经研究推导，独立回路风量修正值 ΔQ_i 计算公式如下：

$$\Delta Q_i = \frac{\sum R_j Q_j |Q_j| - \sum (\Delta P_{fj} + \Delta P_{nj} + \Delta P_{tj})}{2\sum R_j |Q_j| - \sum \left(\dfrac{\partial \Delta P_{fj}}{\partial Q_j} + \dfrac{\partial \Delta P_{nj}}{\partial Q_j} + \dfrac{\partial \Delta P_{tj}}{\partial Q_j} \right)} \tag{5.3-1}$$

式中：Q_j——回路中分支 j 的风量，顺时针为正值，逆时针为负值；

R_j——回路中分支 j 的风阻，为局部阻力和沿程阻力之和；

ΔP_{fj}——回路中分支 j 的风机风压；

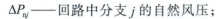

ΔP_{nj}——回路中分支 j 的自然风压；

ΔP_{tj}——回路中分支 j 的交通风力。

第 k 次迭代后风量为：

$$Q_j^{k+1} = Q_j^k + \Delta Q_i^k \tag{5.3-2}$$

式中：Q_j^{k+1}——回路中分支 j 的第 $k+1$ 次风量；

$\quad\quad\quad Q_j^k$——回路中分支 j 的第 k 次风量；

$\quad\quad\quad \Delta Q_i^k$——回路中分支 i 的第 k 次风量修正值。

由式（5.3-2）得知，应用通风网络理论研究公路隧道通风问题还须解决公路隧道通风网络内各种压力问题，包括各支路隧道进出口及送排风口间存在的自然风压差、各支路隧道内随交通量和车速变化而变化的交通通风力、隧道内风机风压等动态影响隧道运营通风系统的因素。因此，本节先建立交通通风力计算模型、风机风压计算模型、自然风压计算模型，继而解决通风动力在通风网络中应用问题。

5.3.1　交通通风力计算模型

在公路隧道通风计算中，交通风的影响是作为动力因素考虑的。《公路隧道通风设计细则》中关于交通通风力的计算公式如下：

$$\Delta P_{tj} = \frac{A_m}{A_r} \cdot \frac{\rho}{2} \cdot n_{j(+)} \cdot (v_{tj(+)} - v_{rj})^2 - \frac{A_m}{A_r} \cdot \frac{\rho}{2} \cdot n_{j(-)} \cdot (v_{tj(-)} + v_{rj})^2 \tag{5.3-3}$$

式中：$n_{j(+)}$——支路 j 内与 v_{rj} 同向的车辆数；

$\quad\quad\quad n_{j(-)}$——支路 j 内与 v_{rj} 反向的车辆数；

$\quad\quad\quad v_{rj}$——支路 j 内风速（m/s）；

$\quad\quad\quad v_{tj(+)}$——支路 j 内与 v_{rj} 同向的各工况车速（m/s）；

$\quad\quad\quad v_{tj(-)}$——支路 j 内与 v_{rj} 反向的各工况车速（m/s）；

$\quad\quad\quad A_m$——汽车等效阻抗面积（m²）；

$\quad\quad\quad A_r$——隧道断面积（m²）。

ΔP_{tj} 为支路 j 的交通通风力，可表达为风量的函数关系式：$\Delta P_{tj} = F(Q_j)$。由式（5.3-3）可知，需求得 $\dfrac{\partial \Delta P_{tj}}{\partial Q_j}$。求导结果如下：

$$\frac{\partial \Delta P_{tj}}{\partial Q_j} = \pm \frac{A_m}{A_r^2} \cdot \rho \cdot \left(n_{j(+)} \cdot v_{tj(+)} \mp n_{j(-)} \cdot v_{tj(-)} \mp \frac{n_{j(+)} + n_{j(-)}}{A_r} \cdot Q_j \right) \tag{5.3-4}$$

5.3.2　风机风压计算模型

风机的风压可表达为风量的函数关系式：$\Delta P_{fj} = F(Q_j)$。必须求出风机风压特性曲线数学表达式，即求得支路风机风压对支路风量的斜率值 $\dfrac{\partial \Delta P_{fj}}{\partial Q_j}$：

$$\frac{\partial \Delta P_{fj}}{\partial Q_j} = b_2 + 2b_3 \cdot Q_j \qquad (5.3\text{-}5)$$

5.3.3 自然风压计算模型

隧道内自然风的产生包括两个方面：一是隧道进、出口间的超静压差；二是隧道内外因空气密度不同而形成的热位差。自然风压的计算式为：

$$\Delta P_{nj} = \Delta P_{\text{静}} + h_r \qquad (5.3\text{-}6)$$

$$\Delta P_{\text{静}} = \sum N_+ \cdot K \cdot \frac{\rho}{2} \cdot v_n^2 - \sum N_- \cdot K \cdot \frac{\rho}{2} \cdot v_n^2 \qquad (5.3\text{-}7)$$

$$h_r = \rho_1 g H_1 - \rho_2 g H_2 \qquad (5.3\text{-}8)$$

式中：N_+——与热位差作用方向一致的各风向频率；

N_-——与热位差作用方向相反的各风向频率；

v_n——洞外年平均自然风速（m/s）；

K——风向与洞口的关系修正系数；

ρ——各点空气密度（kg/m³）；

H——各点相对高程差（m）。

由上述自然风压的计算公式可以看出支路自然风压的大小与支路风量无关，即：

$$\frac{\partial \Delta P_{nj}}{\partial Q_j} = 0 \qquad (5.3\text{-}9)$$

在上述隧道通风网络基本理论和解算方法的基础上，可以通过编制隧道通风网络仿真计算程序来解决地下立交隧道复杂通风系统的风量分配及风流组织等问题。

地下立交隧道通风系统的气流组织引入通风网络理论后，简化了通风控制系统的软件编制，并利用计算机强大的计算功能实现了复杂通风网络风流分配的快速解算和动力配置的目的，营运中能满足适时控制、合理组织隧道内气流的科学管理要求。

5.4 分流匝道对气流组织的影响数值模拟研究

利用通风网络可以对多通风支路、多岔道隧道的通风系统进行合理的动力配置和气流组织。不同分岔结构形式对通风气流亦会带来一定的影响，应对可能造成的影响进行研究，在隧道分岔部结构形式的选择及建设时尽量避免最不利影响因素的产生，从而有利于长期营运通风系统的合理、经济。

5.4.1 计算模型

分岔隧道的形式概括起来主要分为"卜"支路分岔型和"Y"对称分岔型两种（图5.4-1、图 5.4-2）。由于分岔形式的不同，风流在分岔后的不同隧道中的风量分配有所不同。对于同一种分岔类型，如果分岔后两支洞的长度、断面积以及交通流量不同，也将导致两支洞的风量各有不同。

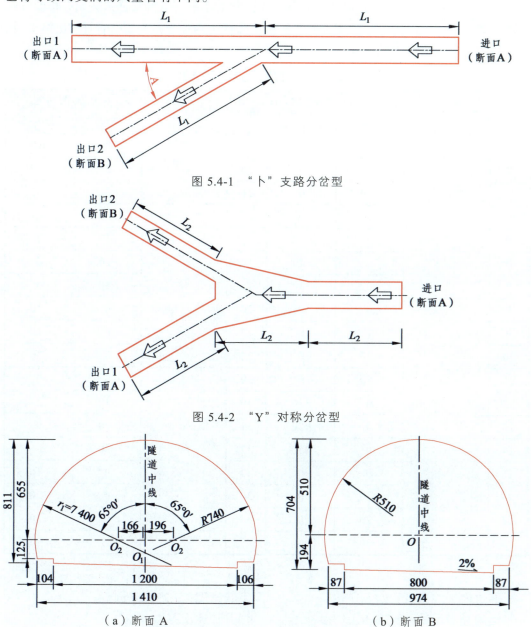

图 5.4-1 "卜"支路分岔型

图 5.4-2 "Y"对称分岔型

（a）断面 A   （b）断面 B

图 5.4-3 断面 A 和断面 B 内轮廓（单位：cm）

为便于研究，假定断面 A 为三车道隧道、断面 B 为近似两车道的隧道匝道（图 5.4-3），分岔后两支洞的长度和各洞交通风对风流组织的影响可换算成等效风压作用于 A、B 断面。考虑计算的有效性和模拟的针对性，取 L_1=100 m，L_2=50 m；两分支隧道之间的夹角分别取 20°、30°、40°、50°、60°五种情况。在主洞处于正常通风的情况下（进口风速 v=6 m/s），模拟两隧道支洞在不同风压组合下的风流分配（具体工况见表 5.4-1），主要考察两支洞的自然状态或某一支洞相对于另一支洞交通风较大、长度较长等极限状态，通过对风量、风压、风速的对比分析（两种分岔类型，合计 70 组），探讨该结构物的风流组织规律。

表 5.4-1　分岔隧道通风工况组合

组合	角度 A/（°）	出口 1 风压/Pa	出口 2 风压/Pa	组合	角度 A/（°）	出口 1 风压/Pa	出口 2 风压/Pa
1		0	0	19		0	−10
2		−10	0	20	40	0	−20
3		−20	0	21		0	−30
4	20	−30	0	22		0	0
5		0	−10	23		−10	0
6		0	−20	24		−20	0
7		0	−30	25	50	−30	0
8		0	0	26		0	−10
9		−10	0	27		0	−20
10		−20	0	28		0	−30
11	30	−30	0	29		0	0
12		0	−10	30		−10	0
13		0	−20	31		−20	0
14		0	−30	32	60	−30	0
15		0	0	33		0	−10
16	40	−10	0	34		0	−20
17		−20	0	35		0	−30
18		−30	0				

初始条件：

隧道内平均温度：27 ℃；　　　　　　　空气密度：1.225 kg/m³；

运动黏滞系数：1.544×10⁻⁵；　　　　　浮升加速度：9.8 m/s²；

比热：1005 J/（kg·K）；　　　　　　　壁面粗糙度：0.022。

软件建模如图 5.4-4、图 5.4-5 所示。

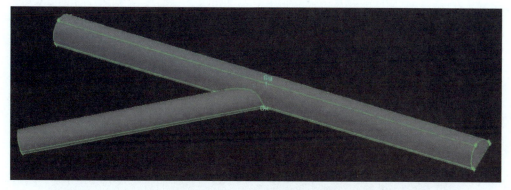

图 5.4-4　"卜"支路分岔模型

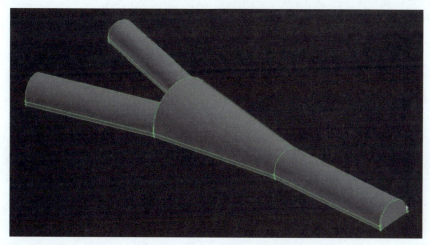

图 5.4-5　"Y"对称分岔模型

5.4.2　数学模型

在应用 CFD（计算流体力学）软件对上述模型进行隧道内空气流动的计算时，采用的是目前应用非常广泛的 k-ε 双方程模型。

k-ε 双方程模型中的 k 是指单位质量流体的紊流动能，其定义如下：

$$k = \frac{1}{2}(u^2 + v^2 + w^2) \tag{5.4-1}$$

式中：ε 是指紊流动能的耗散。通过引入 ε，可以把紊流黏性系数 μ_t 与 k 联系起来

$$\mu_t = C_\mu \rho k^2 / \varepsilon \tag{5.4-2}$$

另外，紊流传导率 k_t 由下式确定：

$$K_t = \frac{u_t C_p}{\delta_t} \tag{5.4-3}$$

有了上面的定义，可由 N-S 方程（纳维·斯托克斯方程）推出 k 方程和 ε 方程。k 方程、ε 方程与连续性方程、动量方程、能量方程共同构成隧道内空气流动的控制方程，则以上诸方程可以写成如下形式：

连续性方程：

$$\frac{\partial \rho}{\partial t} + \frac{\partial \rho u_i}{\partial \chi_i} = 0 \qquad\qquad (5.4\text{-}4)$$

动量方程：

$$\frac{\partial(\rho u_i u_j)}{\partial \chi_i} = \frac{\partial p}{\partial \chi_i} + \frac{\partial}{\partial \chi}\left[(\mu + \mu_1)\left(\frac{\partial u_i}{\partial u_j} + \frac{\partial u_j}{\partial u_i}\right)\right] \qquad\qquad (5.4\text{-}5)$$

紊流能量传递方程：

$$\frac{\partial(\rho u_j k)}{\partial \chi_j} = \frac{\partial}{\partial \chi_j}\left[\left(\mu + \frac{\mu_1}{\delta_k}\right)\frac{\partial k}{\partial \chi_j}\right] + \mu_1 \frac{\partial u_i}{\partial \chi_i}\left(\frac{\partial u_i}{\partial \chi_j} + \frac{\partial u_j}{\partial \chi_i}\right) - \rho\varepsilon \qquad (5.4\text{-}6)$$

紊流通量耗散率传递方程（ε 方程）：

$$\frac{\partial(\rho u_j \varepsilon)}{\partial \chi_j} = \frac{\partial}{\partial \chi_j}\left[\left(\mu + \frac{u_i}{\delta_e}\right)\frac{\partial \varepsilon}{\partial \chi_j}\right] + \frac{c_1\varepsilon}{k}\mu_i \frac{\partial u_i}{\partial \chi_i}\left(\frac{\partial u_i}{\partial \chi_j} + \frac{\partial u_j}{\partial \chi_i}\right) - \frac{c_2\rho\varepsilon^2}{k} \quad (5.4\text{-}7)$$

式中：$\mu_{i,j} = \dfrac{c\mu\rho k^2}{\varepsilon}$，$i$=1，2，3；$j$=1，2，3；

    ρ ——密度；

    μ ——紊流黏性系数；

    ε ——紊流动能耗散率；

    u ——速度；

    k ——紊流动能。

在 $k\text{-}\varepsilon$ 模型中，经验常数在数值模拟中的数值如表 5.4-2。

表 5.4-2　经验常数

C_μ	c_1	c_2	δ_k	δ_e
0.99	1.44	1.92	1.30	1.30

关于表 5.4-2 所列的常数作以下说明：表中的常数基本上是依据对自由紊流的分析，在一些特殊条件下的实验结果而确定的。灵敏性研究表明，c_1、c_2 的值对计算结果的影响最大。因此，数据的取值，对 $k\text{-}\varepsilon$ 双方程模型的准确性有重要影响。笔者参阅了大量文献，认为这套数据是基本适合本书所研究的对象的。

在 CFD 技术中，求解描述流体运动的方程的方法是有限元法。在有限元法中，先对求解区域进行离散化并布置网格——求解区域被划分为许多互不重叠的子域，称为控制容积，然后进行方程的离散化并对每一控制容积进行迭代求解，从而可以求得求解区域内任一点处各个变量的近似值。通过这种方法，就可以获得整个流场的分布。

本书的研究使用的是商用计算流体力学软件 FLUENT6.0。该软件兼有先进的求解器和强大的前处理和后处理功能。

进行 CFD 模拟的过程可以分为如下三步，见图 5.4-6 所示。

图 5.4-6　CFD 模拟计算过程示意图

其中：在 Gambit 部分产生求解器求解所需要的输入值，包括定义求解的几何区域、选择物理模型、给出流体参数、给出边界条件和初始条件以及产生体网格等五个方面；在 FLUENT Solver 部分求解此 CFD 问题，得出所需要的结果，包括对偏微分方程在求解区域积分、将积分方程转化成一系列代数方程及迭代求解代数方程等三步；在 TECPLOT 10.0 部分对计算结果进行分析和可视化，可以实现从简单的获取变量在某一点的值到复杂的动画显示等功能。

5.4.3　研究结论

采用数值模拟的方法，本书对分岔隧道的两种主要结构形式不对称分岔"卜"形和对称分岔"Y"形进行了不同角度、不同压力状态下气流流动情况的研究，为地下立交隧道分岔结构形式的选择以及该结构段通风系统的气流组织设计提供了理论依据。

（1）对称分岔"Y"形结构与不对称分岔"卜"形结构相比，分岔角度对"Y"形的影响较小，更有利于隧道通风系统的稳定性。

（2）对于不对称"卜"形的分岔结构，随着角度的增加将容易引起匝道隧道气流的回流，同时由于匝道隧道通常为曲率半径较小的曲线隧道，在通风动力不足时容易引起匝道隧道内的通风不畅，造成汽车尾排的加剧及滞留，影响行车的安全性和舒适性。因此，在通风系统设计时应考虑在匝道隧道处设置一定数量的射流风机进行辅助通风，确保匝道内气流的正常组织流通。

（3）对于不对称"卜"形的分岔结构，随着角度的增加匝道以及主洞隧道分岔部气流出现涡流，在分岔部形成较大的阻力损失和污染空气滞留。因此，在设计时应尽可能减少隧道分岔部角度，并应在分岔部提供足够的通风动力以组织气流的合理流动，即可根据分岔隧道风量的分配需求，通过合理风机位置的设置进行风量的调节。

5.5 合流匝道对气流组织的影响数值模拟研究

5.5.1 分析方法

隧道通风效果的评价方法，目前有风洞试验、网络法及数值计算方法。

风洞试验是当前隧道内部风流特性分析领域使用的主要方法，它是通过制作实际工程隧道的缩尺模型在大气边界层风洞中进行的，通过必要的手段产生类似于实际工程隧道内部的风场，然后通过布置在内部截面及隧道出口的试验仪器测量风速、风压等相关数据，当前研究内容已经涵盖了不同工况下以及各种断面尺寸的单隧道的风压风速分布研究以及内部安装部件位置的变化所产生的相互干扰影响。但是风洞试验也存在着诸如模型制作费时费力、试验周期较长、难以同时研究不同的隧道设计方案等缺点，而且缩小尺寸的试验模型并不总是能反映全比例结构的各方面特征；另外，风洞试验在测点布置、同步测压等一系列问题上也有很多不足有待解决。

网络法是从宏观角度对隧道通风进行分析，主要用于隧道通风设计初期的风量预测。它利用质量、能量守恒等方程计算风压和热压作用下的隧道通风量。但由于网络法不考虑隧道内部的空气流动形态对通风效果的影响，所以无法给出隧道内部的空气详细流动情况分析。这对于复杂断面隧道，尤其是合流隧道，缺乏相应的详细风流信息作为分析依据。

近年来随着计算机技术的飞速发展，数值计算已经成为评价方法的主流。而通风过程的数值模拟研究主要有节点法、数学模型法和 CFD 法。CFD 法因其快速简便、准确有效、成本较低等优点在越来越多的工程问题中得到使用，并逐渐成为处理工程问题的有效手段，得到广泛认可。

CFD 模拟是从微观角度，针对某一区域或全区域隧道，利用质量、能量及动量守恒等基本方程对流场模型进行求解，分析其空气流动状况。采用 CFD 对隧道通风模拟，主要用于隧道通风风场布局优化和空间流场分析，以及对像合流隧道这类复杂空间的流场模拟，通过 CFD 提供直观详细的信息，便于设计者对特定的断面区域进行通风策略调整，使之更有效地实现通风。

本书采用 CFD 模拟技术对彪水岩隧道地下立交隧道合流部通风及射流风机布置进行模拟，研究中综合考虑流场、风速、风量、风压、风机升压等多个因素，对合流隧道通风特性及射流风机安装位置进行分析评价，并进一步为其优化通风适用性及舒适性分析提供参考数据。

5.5.2 计算流程

首先，结合工程实际设定初步方案，利用 UG 建立三维模型，并采用 ICEM 完成网格划分。其次，定义好边界条件后，使用 FLUENT 进行求解计算；如果结果不能收敛则重新调整网格划分、边界条件，直至计算完成。最后，对比各工况分析结果，反复改进方案，得到最优的设计方案。具体流程图如图 5.5-1 所示。

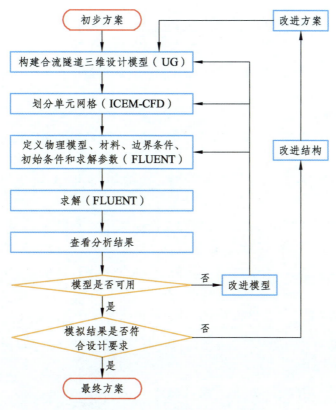

图 5.5-1　合流隧道 CFD 分析流程

5.5.3　计算模型与控制方程

研究采用 FLUENT 进行隧道通风数值仿真计算。

（1）连续方程：

$$\frac{\partial \rho}{\partial t}+\frac{\partial\left(\rho u_{i}\right)}{\partial x_{i}}=0 \qquad （5.5-1）$$

式中：ρ 为空气密度（kg/m³）；u_i 为速度分量（m/s）；x_i 为坐标轴方向（$i=1, 2, 3$）。

（2）动量方程：

$$\frac{\partial\left(p u_{i}\right)}{\partial x_{i}}+\frac{\partial}{\partial x_{i}}\left(p u_{i} u_{j}\right)=\frac{\partial}{\partial x_{i}}\left(p+\frac{2}{3} p k\right)+\frac{\partial}{\partial x_{i}}\left[\left(\mu+\mu_{i}\right)\left(\frac{\partial u_{i}}{\partial x_{j}}+\frac{\partial u_{j}}{\partial x_{i}}\right)\right] \quad （5.5-2）$$

式中：p 为空气压力（Pa）；k 为单位质量流体湍流脉动动能（m²/s²），$k=\frac{1}{2}\left(\overline{u'^{2}}+\overline{v'^{2}}+\overline{w'^{2}}\right)$；$\mu$ 为层流动力黏性系数（Pa·s）；μ_i 为湍流动力黏性系数（turbulent viscosity）（Pa·s）。

（3）能量方程：

$$\frac{\partial(pT)}{\partial t}+\frac{\partial}{\partial x_i}(pu_iT)=\frac{\partial}{\partial x_i}\left[\left(\frac{\mu}{Pr}+\frac{\mu_t}{\sigma_t}\right)\frac{\partial T}{\partial x_i}\right]+\frac{q}{c_p} \tag{5.5-3}$$

式中：T 为空气温度（K）；Pr 为充分湍流时的普朗特数；q 为热流密度（W/m²）；c_p 为空气定压比热（J/kg·K）。

（4）湍流模型。

使用 k-ε 两方程湍流模型进行数值计算，其中雷诺应力的表达式为：

$$-\rho\overline{u_i'u_j'}=\mu_i\left(\frac{\partial u_i}{\partial x_j}+\frac{\partial u_j}{\partial x_i}\right)-\frac{2}{3}\left(\rho k+\mu_i\frac{\partial u_i}{\partial x_i}\right)\delta_{ij} \tag{5.5-4}$$

式中：各物理量均为时均值，δ_{ij} 为克罗内克符号，当 $i=j$ 时值为 1，否则为 0。

湍流黏性系数的计算表达式为：

$$\mu_i=C_\mu\rho k^2/\varepsilon \tag{5.5-5}$$

式中：C_μ 为经验系数，ε 为单位质量流体脉动动能的耗散率，$\varepsilon=C_D\dfrac{k^{3/2}}{l}$，$C_D$ 为经验系数，l 为湍流脉动的长度标尺。基于式（5.5-4）和式（5.5-5）可以推导得出 k 和 ε 的控制方程如下：

$$\rho\frac{\partial k}{\partial t}+\rho u_j\frac{\partial k}{\partial x_j}=\frac{\partial}{\partial x_j}\left[\left(\mu+\frac{\mu_i}{\sigma_k}\right)\frac{\partial k}{\partial x_j}\right]+\mu_i\frac{\partial u_i}{\partial x_j}\left(\frac{\partial u_i}{\partial x_j}+\frac{\partial u_j}{\partial x_i}\right)-\rho\varepsilon \tag{5.5-6}$$

$$\rho\frac{\partial\varepsilon}{\partial t}+\rho u_j\frac{\partial\varepsilon}{\partial x_j}=\frac{\partial}{\partial x_j}\left[\left(\mu+\frac{\mu_i}{\sigma_\varepsilon}\right)\frac{\partial\varepsilon}{\partial x_j}\right]+\frac{C_1\varepsilon}{k}\mu_i\frac{\partial u_i}{\partial x_j}\left(\frac{\partial u_i}{\partial x_j}+\frac{\partial u_j}{\partial x_i}\right)-C_2\rho\frac{\varepsilon^2}{k} \tag{5.5-7}$$

式中：C_1、C_2、σ_k、σ_ε 均为经验系数。式（5.5-5）、式（5.5-6）、式（5.5-7）共同构成了 k-ε 两方程湍流模型，模型中的系数取值如表 5.5-1 所示：

表 5.5-1　k-ε 两方程湍流模型中的系数

C_1	C_2	C_μ	σ_k	σ_ε
1.44	1.92	0.09	1.0	1.3

5.5.4　研究结论

研究利用 CFD 方法对隧道合流段气流组织和压力场分布特性进行了三维模拟分析，并得到以下研究结论：

（1）随着合流夹角的增加，扩大断面风速、出口风量减小，而入口静压则增大。压损系数越大，气流越不顺畅。合流部局部流段附近均有"回流"和"涡旋"的现象，

应设计相应的机械通风设施予以排除。

（2）为取得最佳送风效果，应尽量使射流风机处于较开阔的射流空间位置，且应该避开空气阻力较大的涡流区，以保证射流的充分发展。

（3）随着风机横向间距的增加，风机最大风速、风机升压先增大后减小。风机组间距小时，两台风机射流之间相互干扰；间距大时，射流又会与隧道壁面发生摩擦损失。

（4）随着风机横向偏移的增加，风机最大风速、风机升压先增大后减小。风机横向偏移小时，左侧射流部分冲击扩大断面与第二扩大断面的相交壁面，形成快速回旋气流，右侧射流离合流隧道主道侧较远，而出现"回流"现象；风机横向偏移大时，将导致风机与隧道壁面过于靠近，影响射流风机的射流充分发展。

以彪水岩隧道地下立交隧道为工程实例，经过对 21 组不同工况下的合流隧道通风特性及射流风机安装位置的数值模拟分析，得到了如下最优设计方案：

（1）隧道合流部夹角为 10° 最合理，与工程实际采用方案相同。

（2）根据《公路隧道通风设计细则》（JTG/T D70/2-02—2014）中的规定，射流风机的边沿与隧道建筑限界的净距不宜小于 15cm。而净距越大，风机离隧道主空间就越远，影响通风改善效果。因此本项目分析时将射流风机的边沿与隧道建筑限界的净距设置为 20 cm。

（3）选定风机出口风速 $v>29.9$ m/s、流量 $Q>23.3$ m³/s 时，隧道合流段射流风机升压范围可以达到 300 m，因此仅需在合流段安装一对风机（2 台）即可。

（4）合流隧道射流风机纵向安装在扩大断面中段。

（5）合流隧道射流风机横向净间距为 2.5 倍风机直径。

（6）合流隧道射流风机横向主道侧偏移 1 倍风机直径。

5.6　本章小结

本章针对地下立交隧道的特点，对地下立交隧道的通风方式和洞内气流组织方法进行研究，并采用数值模拟的方法对分岔结构对通风气流组织的影响进行了分析，取得如下研究成果：

（1）对比分析了各种通风方式的优缺点，结合地下立交隧道的特点，提出各种通风方式的适用条件，用于针对实际工程情况选用合理的通风方式。

（2）通过研究，针对地下立交双洞隧道通风负荷差异较大时可设置洞内空气交换站的纵向式通风方式优化方案，保证了隧道安全、经济、节能、环保的建设及营运。

（3）提出了运用通风网络理论对地下立交隧道进行洞内气流组织的设计及营运管理方法，为多通路隧道、多支路风流通道构成的复杂通风系统的合理运营提供了一种较为全面、宏观的动态设计及管理思路。

（4）提出了地下立交隧道分岔部影响气流组织的因素及其表现形式，为分岔部结构设计及通风系统的配置提出了相应建议。

（5）提出了地下立交隧道合流部影响气流组织的因素及其表现形式，为合流部结构设计及通风系统的配置提出了相应建议。

第 6 章
地下互通立交防火及安全疏散技术研究

虎跳峡地下互通立交彪水岩隧道大断面、交叠、分岔等独特的结构形式，对其防火要求及一旦发生火灾后的安全疏散提出了不同于一般隧道的需求。本章在地下互通立交火灾模拟和实体试验的基础上，对彪水岩隧道的防火安全设施和地下互通立交的人员安全疏散开展系统研究。

6.1 地下互通立交火灾数值模拟及实体试验

6.1.1 研究目的

彪水岩地下互通立交于 2019 年 9 月已整体通车，因此本次试验目的主要针对以下几个方面：

（1）数值模拟验证工程建设的通风系统风机布置组织稳定运营风流的可靠性。

（2）数值模拟验证不同隐患点发生火灾事故时，烟气组织排出的可行性。

（3）探索优化在不同隐患点发生火灾时，烟气控制策略及通风控制方案。

（4）实体火灾试验测试火灾场景下地下互通立交的温度、烟气分布（最高温度、温度场横断面和纵断面分布）。

（5）实体火灾试验验证数值模拟结果的准确性。

6.1.2 研究内容

在彪水岩地下互通立交中选取目标区域，开展模拟试验和实体火灾试验，主要包括以下方面：

（1）确定地下互通立交早期的火灾场景，标定火灾规模，建立模拟场景。开展火源功率为 4 MW、10 MW、15 MW、20 MW 的数值模拟，设置温度和风速探测点，加入切片，分析火灾场景下的温度场、CO 浓度、烟气场和速度场等分布规律和特征，确定最不利位置点。

（2）开展火源功率为 4 MW 的实体火灾试验。选定燃料、火源尺寸、火源位置等，按照一定间距布置热电偶，开展试验，分析温度场和速度场等变化规律。

（3）对比数值模拟和实体试验的结果，分析得到相关结论，并提出对应策略和方案。

6.1.3 数值模拟

6.1.3.1 模拟方法及对象

采用 FDS 软件进行火灾模拟，该软件主要是采用数值计算方法来求解计算受火灾浮力驱动的低马赫数流动的纳维-斯托克斯方程（N-S 方程），它重点计算了火灾过程中的烟气流动和热传递过程。

模拟对象是彪水岩地下互通立交中一道全尺寸公路隧道，长度约为 1 km，坐标原点（0，0，0）在右幅入口底部附近，火源在路的中央，两种工况分别为距隧道右幅入口 200 m 处和右幅出口 200 m 处。隧道的几何模型如图 6.1-1 所示。

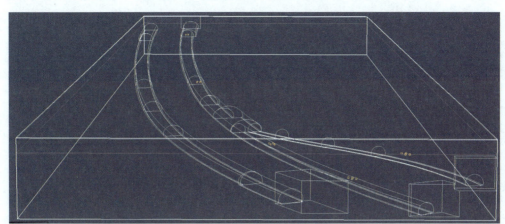

图 6.1-1　隧道模型效果图

火灾规模参考彪水岩地下互通立交实体试验的设计，火源为 1 m×2 m 的矩形区域，燃料依据柴油估算，碳氢比为 1：1.828，燃料热值 $4.2652×10^4$ kJ/kg，一氧化碳产率为 $5.0×10^{-3}$，碳烟产率为 0.015。风机的风量设置为 23.3 m³/s，直径 1 m，排烟方向为车流方向。将隧道火灾视为超快速的火灾类型，环境温度 20 °C，边界除地面外均为开放边界，隧道坡度为 3%，不考虑自然风。

本模拟将着火点设于右幅内距出口 200 m 处、右幅内距入口 200 m 处、左幅匝道交界处三个位置，每个位置设置火源功率为 4 MW、10 MW、15 MW、20 MW 四种工况，隧道内火源与各设备位置示意图如图 6.1-2，风机开启时间及相关工况参照实体试验设置见表 6.1-1，分析不同工况下的温度场、CO 浓度、烟气场和速度场等分布规律和特征。

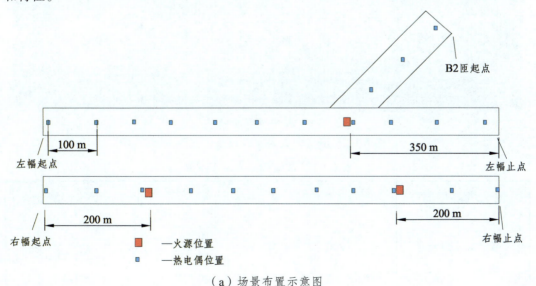

（a）场景布置示意图

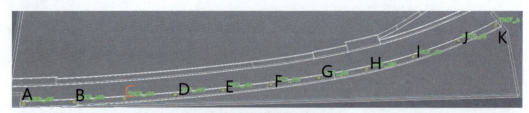

（b）右幅热电偶编号

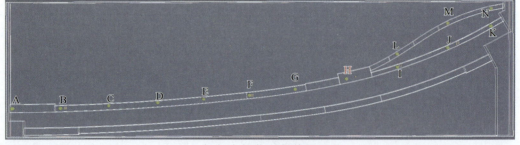

（c）左幅热电偶编号

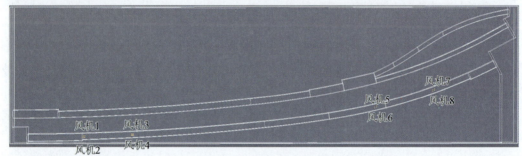

（d）右幅风机编号

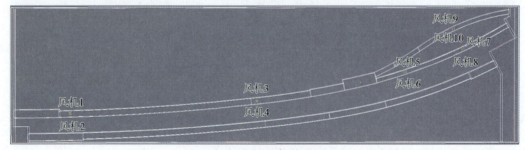

（e）左幅风机编号

图 6.1-2　隧道内火源与各设备位置示意图

表 6.1-1　数值模拟火灾工况表

火源位置	风机开启时间/s	火源功率/MW	工况类型
右幅出口 200 m 处	300	4	1-1
		10	1-2
		15	1-3
		20	1-4

续表

火源位置	风机开启时间/s	火源功率/MW	工况类型
右幅入口 200 m 处	480	4	2-1
		10	2-2
		15	2-3
		20	2-4
左幅匝道交界处	600	4	3-1
		10	3-2
		15	3-3
		20	3-4

6.1.3.2　模拟结果

1）温度场

隧道内的横断面温度场有如下特点：除火源极近距离直接受火源辐射影响的区域外，火源竖直方向与隧道顶棚交点附近的温度最高，在断面竖直方向上，由拱顶向地面温度逐渐减小，断面轴心线水平两侧温度场基本呈现对称分布，下风处温度略高于上风处。

影响火灾温度场的因素主要为烟气携带的热量和火源热辐射，过高的温度会严重危害人体，当烟气大量聚集于拱顶时，给隧道结构也带来了一定的威胁。图 6.1-3 为不同工况下火源附近热电偶拱顶位置的温度变化曲线。由该图可以看出：超快速的火灾类型发生时，隧道拱顶升温速度极快，数秒到十余秒内即可接近最高温度，最高温度约为300 ℃；而在风机开启后，温度发生了大幅变化，下风处的测点温度变高，上风处的测点温度变低，这是由于携带热量的烟气层在风机的作用下移动，改变了温度场的分布。

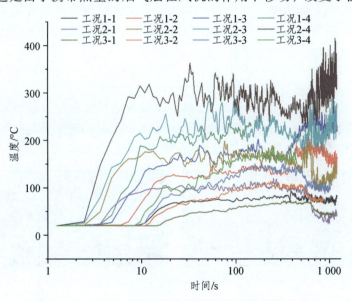

图 6.1-3　不同工况下的火源附近拱顶温度变化图

2）CO 浓度

公路隧道发生火灾时，可燃物在燃烧时要消耗大量氧气。同时产生大量的 CO、CO_2、HCN 和其他有毒气体，这些气体中危害最大的是 CO。在本模拟的 12 个工况中，人活动的高度处（距地面 1.6 m 处）CO 体积分数的最大值如表 6.1-2 所示。

表 6.1-2　各工况一氧化碳体积分数峰值（—为数据切片未设置）

火源位置	工况类型	CO 体积分数峰值
右幅出口 200 m 处	1-1	—
	1-2	0.001 255%
	1-3	0.002 541%
	1-4	—
右幅入口 200 m 处	2-1	—
	2-2	0.001 318%
	2-3	0.002 478%
	2-4	0.002 447%
左幅匝道交界处	3-1	0.000 737%
	3-2	0.001 961%
	3-3	0.002 572%
	3-4	0.002 690%

在本模拟中，所有工况下的一氧化碳体积分数都在安全范围内，一氧化碳体积分数最大值远小于对人体产生危害的量，且最大值出现在火源附近数米内，人员所在区域的一氧化碳浓度更加稀薄，这是因为本次模拟的火源参数参照的是柴油较为完全的燃烧。现实火灾场景中有很多可燃物在通风不足的空间内（车内）燃烧，氧气含量不足，不完全反应的部分会产生大量一氧化碳。

3）烟气场

除上述温度场、一氧化碳外，烟气场中过多的碳烟颗粒会遮蔽环境，使能见度降低，给疏散和救援带来困难。烟气场的发展和分布规律与一氧化碳具有相似性，图 6.1-4 为典型工况中不同时间点高 1.6 m 处的能见度示意图。

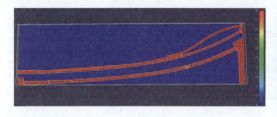

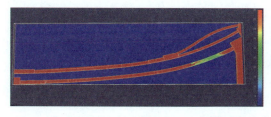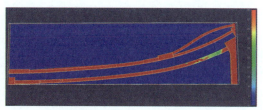

图 6.1-4　典型工况下高 1.6 m 处能见度示意图

模拟结果中左幅隧道的能见度始终较高，而右幅隧道在火源功率为 15 MW 和 20 MW 的工况开启风机后，其火源附近的能见度显著下降，最低能见度只有 10 m 左右，严重影响疏散和救援。

6.1.4　实体火灾试验

6.1.4.1　火源设计

本次实体地下互通立交火灾试验火源设计为油盘火。

油料盛放在钢板焊成的燃烧盘内，油盘火的热释放速率主要取决于燃烧面积，因此可通过控制油池的燃烧面积来控制火灾功率。燃料池面积的计算公式为：

$$Q = A_f m' \chi \Delta H_e \qquad\qquad (6.1\text{-}1)$$

式中：Q 为热释放速率（MJ/s），A_f 为燃烧表面积（m²）；m' 为单位面积质量燃烧速率，取值为 0.057 kg/（m·²s）；χ 为燃烧效率；ΔH_e 为完全燃烧热值，柴油为 42 MJ/kg，汽油取 45 MJ/kg。

本试验中总的油盘火充分燃烧时的火灾规模设为 4 MW（总油盘面积约为 2 m²），以模拟小汽车火灾（小汽车火灾充分发展阶段火灾规模约为 4 MW）。

在彪水岩地下互通立交一共进行了 3 组针对性的现场试验，火源情况如表 6.1-3 所示。火源位置示意图如图 6.1-5，试验中所用油盘如图 6.1-6 所示。试验中现场火源的燃烧情况如图 6.1-7 所示。

6.1.4.2　测量元件布置

试验需研究探测器对油池火的响应情况，考察火源周围烟气层、温度变化等，因此需要在模拟地下互通立交模型中安装温度分布测量仪、风速测量仪、摄像机等分别测量火源周围温度、风速、烟气运动情况等参数。因此，需要布置热电偶、风速测量仪等数据采集元件，以获得地下互通立交目标区域的温度变化和风速等数据。

1）温度测量系统

试验中采用热电偶束来测量火焰及上升羽流的温度值。热电偶是工业上最常用的温度检验元件之一，它具有测量范围广、测量精度高和使用方便等优点。热电偶测温的基本原理是热电效应，指的是两种不同的金属线 A 与 B 连接成一个回路，当在结合点有一定的温度差时，在金属线两端会产生电动势 E，E 值与金属线 A、B 的材料有关，并和两端点的温度差成比例关系。因此，获取 E 值的大小便可推算出测量点的温度差。热电偶按其组成结构可分为热电偶测温导线、铠装热电偶和装配式热电偶。

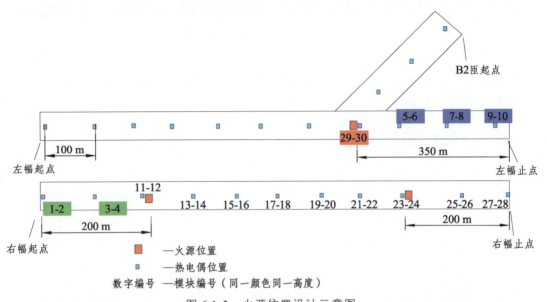

图 6.1-5　火源位置设计示意图

表 6.1-3　各工况试验说明

试验序号	火源位置	油盘设计	燃料
工况 1	距右幅止点 200 m	两个 1 m×1 m	柴油 30 L×2，汽油 5 L×2
工况 2	距右幅起点 200 m	两个 1 m×1 m	柴油 30 L×2，汽油 5 L×2
工况 3	匝道口	两个 1 m×1 m	柴油 30 L×2，汽油 5 L×2

图 6.1-6　试验中油盘及燃料

图 6.1-7　试验现场火源

在本试验中所使用的热电偶为 K 型铠装热电偶，即镍铬/镍硅热电偶，热电偶按照国家标准《镍铬-镍硅热电偶丝》（GB/T 2614—2010）制作，测温范围在–50～1200 °C，可以测量高温烟气的温度。试验使用 K 型铠装热电偶型号为 WRNK-191，即使用的是尺寸为 $\phi 1 \times 400$ mm 的镍铬-镍硅热电偶。热电偶所测得的温度数据要经过 A/D 转换器后，才能由模拟信号变为数字信号，通过数据采集程序在计算机中获得。热电偶所测得的电压信号通过数据采集器转化为数字信号传到计算机中，再由数据采集程序把数字信号转化为温度信号。

在本试验中所使用的 A/D 转换器为台湾泓格公司生产的 8 通道热电偶输入模块 7018Z。7018Z 模块图和 K 型铠装热电偶如图 6.1-8 所示。温度测量系统如图 6.1-9 所示。

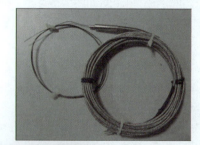

图 6.1-8　7018Z 模块及热电偶

温度测量分为三个部分：

（1）竖直方向热电偶束温度测量（图 6.1-10）。每隔 0.4 m 一个热电偶，竖直方向总计有 20 个热电偶测点。

（2）水平方向。水平方向每隔 100 m 一个热电偶温度测点（图 6.1-5），每个测点在竖直方向布置热电偶束。

2）风速测量系统

隧道内不同位置的风速测量采用便携式小风速仪（图 6.1-11）。

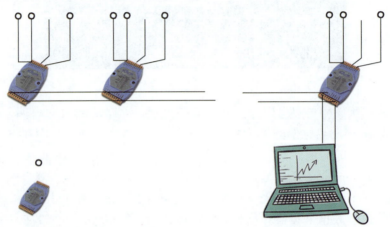

图 6.1-9　热电偶系统图

图 6.1-10　竖直方向热电偶束

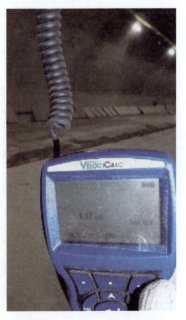

图 6.1-11　便携式小风速仪

3）视频采集系统

在隧道里面利用高清摄像机（图 6.1-12）对火源位置的燃烧情况进行拍摄，同时，两个工作人员手持便携式 gopro 相机随着烟气的移动对烟气进行动态拍摄，烟气蔓延到隧道口的照片如图 6.1-13 所示。

图 6.1-12　火源位置摄像机及 gopro 相机

图 6.1-13　烟气蔓延到隧道口

6.1.4.3　对比结果

通过对模拟的工况 1-1、2-1 和试验中的工况进行比较。发现在 2-1 模拟结果中，热电偶最高温度可以接近 200 ℃，该位置位于离火源较近地方，其余地方的热电偶最大温度接近 50 ℃。在试验结果中，人工布置的热电偶最高温度可以接近 40 ℃，该位置位于离火源较近地方但是还有一定的距离，其余地方的热电偶最大温度随着距离的增大在不断减小。

在 1-1 模拟结果中，热电偶最高温度可以接近 90 ℃，该位置位于离火源较近地方，其余地方的热电偶最大温度接近 50 ℃。在试验结果中，人工布置的热电偶最高温度可以接近 30 ℃，该位置位于离火源较近地方但是还有一定的距离，其余地方的热电偶最大温度随着距离的增大在不断减小。

不同工况下的试验结果和模拟结果如图 6.1-14 所示，模拟结果和实际试验基本吻合，也存在一定的差异性。分析产生上述结果的原因，主要有以下几点：

（1）试验和模拟中热电偶位置有一定差异，在模拟中非常靠近火源，在实际试验中，考虑到对采集模块（不能耐高温）的保护，布置的热电偶距离火源还有一定的距离。

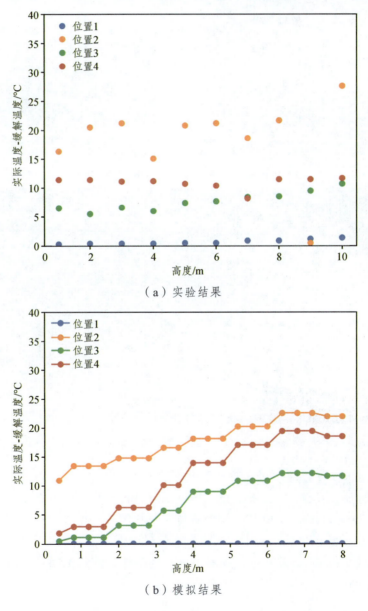

（a）实验结果

（b）模拟结果

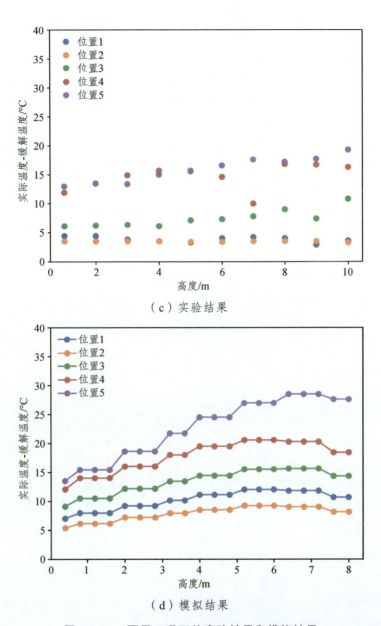

（c）实验结果

（d）模拟结果

图 6.1-14　不用工况下的实验结果和模拟结果

（2）开展试验的时间是冬天，从热电偶数据看出，当时隧道内部环境温度为 11 ℃ 左右，火源燃烧释放的热量在与空气发生对流换热时损失较多。

6.1.5　研究结论

1）不同工况的评估

隧道内发生火灾时，烟气一般会受烟囱效应、热浮力效应、热膨胀效应及通风的影响。其主要特点是：狭长的管状结构既阻止了热量的耗散，又会产生烟囱效应，使火势发展迅猛，隧道内温度积聚；产生有害烟气，伤害隧道内人员；产生的大量烟雾难以迅速排出，致使隧道空间内能见度低。整理各工况下的数据，依据相关参数对温度场、烟气场和 CO 浓度结果做出一定推测与评估，得到表 6.1-4。

表 6.1-4　各工况火灾表现评估

火源位置	工况类型	一氧化碳	温度	能见度
右幅出口 200 m 处	1-1	安全	安全	安全
	1-2	安全	安全	安全
	1-3	安全	68 m 范围内高温	火源附近较低
	1-4	安全	71 m 范围内高温	火源附近较低
右幅入口 200 m 处	2-1	安全	安全	安全
	2-2	安全	安全	安全
	2-3	安全	48 m 范围内高温	火源附近较低
	2-4	安全	92 m 范围内高温	火源附近较低
左幅匝道交界处	3-1	安全	安全	安全
	3-2	安全	安全	安全
	3-3	安全	安全	安全
	3-4	安全	安全	安全

2）通风系统运营风流可靠性

模拟结果显示，所有工况开启风机后火灾的温度场、CO 浓度场、烟气场等分布均在短时间内出现显著变化，可保障中小型汽车火灾的安全疏散与救援，说明以现有的风机布置可在隧道内组织稳定的运营风流。

3）烟气组织排出的可行性

在 2.3.5 节各工况详细数据中记录了烟气在数个时间点的分布情况，所有工况中，开启风机后烟气扩散方向与车流方向一致，最后于隧道出口处排出，结果显示通风系统运营风流使烟气组织排出确实可行。

4）火灾不利位置

左幅由于风机排烟方向与自然对流方向一致，其火灾表现明显优于右幅隧道；右幅隧道中越靠近出口位置，其烟气越不易排出，热量和有毒物质越容易累积，同时隧道内人员疏散的路程也越长。

5）开启风机的策略

左幅中风机排烟方向与自然对流方向一致，开启风机不会造成烟气层在车流上游处积聚，而右幅开启风机可能会使烟气层在车流上游积聚并下降，对隧道内人员产生伤害。为保障人员安全，开启风机的策略可为：

左幅中尽快开启风机。

在开启风机后烟气层在车流上游积聚并下降的情况下（大中型车辆火灾），应立即关闭火源上游的风机，从而避免产生涡流造成二次灾害。

右幅隧道内等待一定时间后开启风机，其时间可用下式估计，隧道风机开启的等待时间不超过 60 s。

$$延迟时间 = \frac{火灾发生处距出入口的距离（m）}{成人行走速度（约1.4\ m/s）}$$

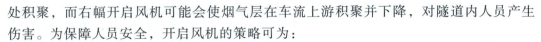

6.2 地下互通立交防火安全设施

6.2.1 地下立交隧道防火安全等级

公路隧道按长度划分为短隧道、中隧道、长隧道和特长隧道四类。隧道交通工程是隧道安全营运保障的重要部分，国际上对隧道分级的划分除考虑长度外，主要还考虑交通量因素。少数国家的标准规范将其分为五级，大部分国家则分为四级。

目前在我国还没有关于地下立交隧道的防火安全等级标准，本研究提出防火安全等级的目的：

（1）为安全设施设置提供依据和标准，例如：不同等级地下立交隧道设置安全设施不同，相同设施不同等级设置的间距不同。

（2）满足规范和高效运营管理的需要。

参照《高速公路隧道监控系统模式》和《公路隧道交通工程设计规范》对监控等级和交通工程等级的划分，从工程建设难度、运营管理方式以及对道路周边环境的影响等方面统筹考虑，本书提出将地下立交隧道按其长度分为 5 类，见表 6.2-1。其中，中长地下道路、长地下道路和特长地下道路统称为长大地下道路。

表 6.2-1　地下立交隧道长度分类

分类	特长地下道路	长地下道路	中长地下道路	中地下道路	短地下道路
长度/m	$L>5\ 000$	$5\ 000 \geqslant L>3\ 000$	$3\ 000 \geqslant L>1\ 000$	$1\ 000 \geqslant L>500$	$L \leqslant 500$

根据表 6.2-1 提出的地下立交隧道长度分类原则，按长度和单向年平均日交通量将地下快速道路防火安全划分为五个等级，如图 6.2-1 所示。

如满足以下条件的区域其安全防火等级应提高一档：

（1）对于事故率高、平曲线半径为 500 m 以下或纵坡超过 4% 的下坡线形较差的区域。

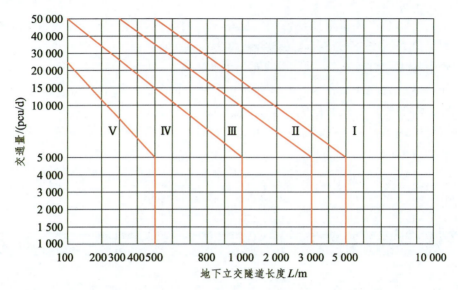

注：对于长度小于 100 m 或年平均日交通量小于 1000 pcu/d 的地下立交隧道一般可不设防火安全设施，特殊情况除外。

图 6.2-1　地下立交隧道防火安全等级划分图

（2）地下立交隧道穿越江底、河底、海底。

（3）隧道地下大型互通立交近距离重叠段和多条隧道交叉段。

地下立交隧道防火安全分级对应火灾概率可按式（6.2-1）计算。

$$P = 365 \times 10^{-11} \times \alpha L q \qquad （6.2-1）$$

其中：P——地下立交隧道内年火灾事故概率估计值（当 P 的计算值 > 1 时，取值 1）；

L——地下立交隧道长度（m）；

q——地下立交隧道单向年平均日交通量（pcu/d）；

α——地下立交隧道火灾事故率（火灾事故数/亿车·公里），取值 4。

根据火灾概率 P 的计算值，地下立交隧道防火安全等级划分见表 6.2-2。

表 6.2-2　地下立交隧道防火安全等级划分表

P	$P>36.5\%$	$21.9\%<P\leqslant36.5\%$	$7.3\%<P\leqslant21.9\%$
等级	Ⅰ级	Ⅱ级	Ⅲ级
P	$3.65\%<P\leqslant7.3\%$	$P\leqslant3.65\%$	
等级	Ⅳ级	Ⅴ级	

6.2.2　地下立交隧道防火安全设施构成

完善的隧道防火设施应由检测设施、通报设施、警报设施、消防设施、诱导设施、救援/逃生设施和其他设施等七大部分组成。各种设施在地下立交隧道防火中既有明确分工，又有相互配合。图 6.2-2 为地下立交隧道防火安全设施的构成。

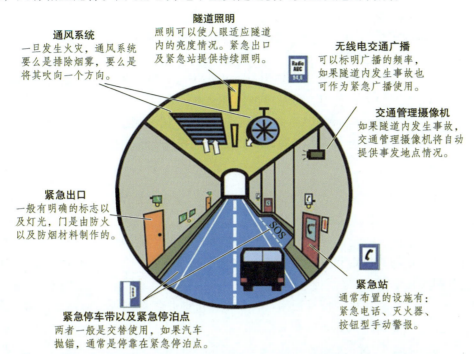

通风系统
一旦发生火灾，通风系统要么是排除烟雾，要么是将其吹向一个方向。

隧道照明
照明可以使人眼适应隧道内的亮度情况。紧急出口及紧急站提供持续照明。

无线电交通广播
可以标明广播的频率，如果隧道内发生事故也可作为紧急广播使用。

交通管理摄像机
如果隧道内发生事故，交通管理摄像机将自动提供事发地点情况。

紧急出口
一般有明确的标志以及灯光，门是由防火以及防烟材料制作的。

紧急站
通常布置的设施有：紧急电话、灭火器、按钮型手动警报。

紧急停车带以及紧急停泊点
两者一般是交替使用，如果汽车抛锚，通常是停靠在紧急停泊点。

图 6.2-2　地下立交隧道防火安全设施构成简图

6.2.2.1　地下立交隧道防火安全设施的组成和功能

地下立交隧道网防火安全设施的组成及其功能如下：

1）检测设施

火灾会产生大量烟雾，并引起周围环境温度升高，发出辐射光和可见光，这是燃烧过程中所发生的一些物理现象。伴随着这些物理现象的发生，周围的相应物理量会发生变化。火灾报警系统就是利用火灾发生时，周围的这些物理量的变化来探测火灾的。当火灾发生时，安装在现场的火灾报警系统采集到火灾信号并传递给报警控制器，向隧道管理中心发出警报。

异常事件视频检测系统是中央闭路电视监视系统以及自动事故探测系统相结合的监测设备，可以用作快速探测火灾的备选方式。异常事件视频检测系统用于确认隧道火灾的发生，监视隧道内喷淋灭火和导向设施的工作状态等。此系统能够探测温度在没有发生重大变化之前早期的烟雾扩散，同时能够鉴别发生交通事故的源头。

2）通报设施

通报设施是为管理中心提供火警或事故信息的一种信号装置，是火灾现场与外界联络的最快通道，主要包括紧急电话、手动报警按钮和移动通信信号。

（1）公路隧道通常选用有线紧急电话系统，主要是供道路使用者处于困境中求援时所使用，通话采用免提方式，报警者通过扬声器和麦克风与隧道管理中心进行双向通话，报告火灾地点和火情。

（2）手动报警按钮是一种开关式报警装置，报警者需要报警时，按下开关，报警信号就会传递给隧道管理中心。

（3）声光报警器安装在隧道管理中心，由火灾报警控制器进行控制，同时产生光和声信号，用于增加值班员对报警信号的感受范围。

（4）移动通信系统保障隧道快速通道移动通信畅通，供道路使用者处于困境中求援时可通过移动电话求救，同时也可作为地下道路管理者的信息发布平台。

3）警报设施

当隧道内发现火灾后，为避免车辆继续进入，造成交通混乱，影响疏散、救援和灭火工作，更为了避免火灾的进一步扩大，应立即将火灾信息通报给隧道外的车辆，并阻止其进入隧道内，或通知隧道内的车辆。警报设施主要包括可变情报板、闪光灯等。

（1）可变情报板平时可显示各种交通信息和警示信息，发生火灾时可通知后续车辆并发布相关命令。

（2）闪光灯安装在可变情报板附近，异常情况时，红灯闪烁，向隧道使用者报警，提醒注意查看可变情报板发布的相关信息。

4）消防设施

消防设施是在隧道内发生火灾时，用于灭火或控制火势的设施，主要包括灭火器、消防栓、给水栓和湿式自动喷水-泡沫灭火系统等。

（1）灭火器是小型的消防器具，用于小规模的初期火灾的灭火。

（2）消火栓是主要的灭火设备，一般配有供消防使用的橡胶软管。

（3）给水栓是隧道管理人员和消防人员专用的灭火设施，其放水量比隧道内消火栓大，设置在隧道内紧急停车带和隧道洞口附近。

（4）湿式自动喷水-泡沫灭火系统在启动后一定时限内，能够由喷水转换为喷泡沫，用于控制火势，防止火灾的蔓延。

5）诱导设施

逃生诱导设置主要包括疏散指示标志、有线广播、无线广播、逃生通道等，一些隧道设置了有源诱导灯，在火灾工况下也可以起导向作用。

（1）疏散指示标志用于指示该点与洞口、行人横洞、行车横洞的距离与方向，在隧道发生紧急情况时，指示行人、车辆迅速离开。

（2）有线广播是在隧道内出现异常情况时，由隧道管理人员通过其向隧道内人员发布信息，对车辆及人员进行疏导。

（3）无线广播平常对隧道附近可能接收到无线电信号的车内收音机进行信息播放，发生灾害时，播送紧急信息等。

6）救援、逃生设施

救援、逃生设施主要包括紧急出口、避难洞室、车行横洞、人行横洞、紧急停车带等，在地下道路发生火灾时，为隧道内的车辆和人员提供逃生的通道，是便于消防、救援人员迅速到达的关键因素。

（1）紧急出口在危险状态下可用于人员逃生。

（2）避难洞室在火灾状态下可用于避难。

（3）行车横洞在隧道火灾状态下可用于疏散车辆撤离火灾现场。

（4）行人横洞在隧道火灾状态下可用于避难或疏散人员撤离火灾现场。

（5）紧急停车带是在火灾工况下可以使用的停车场所。

7）其他设施

其他设施主要包括交通安全设施、通风排烟设施、应急照明设施、应急电源设施、交通信号灯、防火建筑材料和运营管理中心等，在隧道火灾状态下，为隧道内的车辆和人员提供安全保障。

（1）应根据地下立交隧道的特点和构成合理设置标志标线、振动型减速标线、减速防滑铺装、线形诱导标等交通安全设施。

（2）通风排烟设施是保障司乘人员撤离和协助消防人员灭火、救援的重要安全设施。在有通风设备的隧道中，一般通过改变通风方式、改变风机运转状态等途径来达到排烟和稀释有害气体的目的。

（3）应急照明设施是在紧急情况下地下道路内停电时能够保证最低亮度的照明灯具和电源。此外，紧急出口、车行横洞、人行横洞、紧急停车带、避难洞室等标志的电光照明均属于应急照明设施。应急照明设施能够为司乘人员撤离、消防人员展开营救提供足够的能见度。

（4）应急电源设施是防止火灾等紧急情况发生时，断电或出现电源故障的备用电源，通常包括自备发电机和 UPS（EPS），以便确保隧道内的安全设施在任何状态下均能正常工作。

（5）交通信号灯用于对地下立交隧道的交通管制，应设置在地下立交隧道入口联络道前 20～50 m，交通信号灯应由红、黄、绿三色灯和左转向箭头灯组成。

（6）从防火安全角度出发，隧道的结构物、内部装饰等均应选用防火、阻燃、耐温材料；同时，选用的建筑材料在高温状态下，不能产生大量有毒气体。

（7）运营管理中心负责所有地下立交隧道的日常管理、养护工作，并协助交警部门联合执法。运营管理中心应配备相应的监控、管理设施。

6.2.2.2　地下立交隧道防火安全设施的配置研究

在地下道路内设置完善的防火安全设施，虽然能取得较好的防范效果，但同时也会增加工程投资，所以地下道路防火设施的选择和设置应遵循安全、经济、实用的原则。

在对深圳梧桐山隧道、深港西部通道、重庆市区地下道路的运营现状进行调查研究中发现，《交通工程手册》和《公路隧道交通工程设计规范》等规范中关于公路隧道防火设施的具体要求对于地下立交隧道而言并尚不完善，需予以补充。

本书根据调研成果并在 PIARC 发布的 *Fire and Smoke Control in Road Tunnels*（2007 版）的基础上，给出了对应于图 6.2-2 和表 6.2-2 的防火安全设施的设置要求，见表 6.2-3 和表 6.2-4。

表 6.2-3　地下立交隧道防火安全设施配置表

地下立交隧道防火安全设施			地下立交隧道防火安全等级				
			I	II	III	IV	V
检测设施	火灾报警系统	点型感烟报警系统	●	●	●	●	○
		点型感温报警系统	●	●	●	●	○
		线型感温报警系统	●	●	●	○	○
	异常事件视频检测系统		●	●	●	○	
	限高门架		●	●	●	●	●
通报设施	紧急电话系统		●	●	●	○	○
	手动报警按钮		●	●	●	●	
	声光报警器		●	●	●	●	
	移动通信系统		●	●	●	●	●
警报设施	可变情报板（外部）		●	●	●	●	●
	可变情报板（内部）		●	●	●	●	●
	可变限速标志（外部）		●	●	●	●	○
	闪光灯		●	○	○	○	
消防设施	灭火器		●	●	●	●	●
	消火栓		●	●	●	○	
	固定式水成膜泡沫灭火装置		●	●	●	○	
	消防水源		●	●	●	○	○
	给水栓（外部）		●	●	●	●	
	给水栓（内部）		●	●	○		
	湿式自动喷水-泡沫灭火系统		●	○	○		
导向设施	疏散指示灯		●	●	●	●	○
	无线广播		○				
	有线广播		●	●	●	○	
	逃生通道		●	●	○	○	○

续表

地下立交隧道防火安全设施		地下立交隧道防火安全等级				
		I	II	III	IV	V
逃生设施	紧急出口	○	○	○	○	○
	避难洞室	○	○	○	○	○
	车行横洞	●	●	●	○	○
	人行横洞	●	●	●	○	○
	紧急停车带	●	●	●	●	○
其他设施	交通安全设施	●	●	●	●	●
	应急照明设施	●	●	●	○	
	应急电源设施	●	●	●	○	
	防排烟设施	●	●	●	○	
	交通信号灯	●	●	●	●	
	防火建筑材料	○	○			
	运营管理中心	●	●	○		

注："●"为原则上必选设施；"○"为视需要可选设施。

表 6.2-4　地下立交隧道防火安全设施设置表

地下立交隧道防火安全设施		设置位置	设置间距	设置高度	备注
检测设施	火灾报警系统 — 点型感烟报警系统	中控室、配电房、风机房、发电机房			按 GB 50016 设计规范设置
	火灾报警系统 — 点型感温报警系统	发电机房			按 GB 50016 设计规范设置
	火灾报警系统 — 线型感温报警系统	地下立交隧道内	沿隧道长度分段布设		
	事件监测设施	行车道右侧	150 m		地下立交段根据匝道线形状况进行加密
	限高门架	地下立交隧道入口			
通报设施	紧急电话	地下立交隧道行车方向右侧	200 m	车道面上 1.3～1.5 m	
	手动报警按钮	地下立交隧道行车方向右侧	50 m	车道面上 1.3～1.5 m	
	声光报警器	运营管理中心、中控室			按 GB 50016 设计规范设置
	移动通信系统	地下立交隧道内			全程覆盖

续表

地下立交隧道防火安全设施		设置位置	设置间距	设置高度	备注
警报设施	可变情报板（外部）	地下立交隧道入口联络道前			120 km/h 时，视认距离≥250 m
	可变情报板（内部）	地下立交隧道内车行横洞前			
	可变限速标志（外部）	地下立交隧道入口			
	闪光灯	可变情报板旁			
消防设施	灭火器	地下立交隧道两侧	单侧 50 m（交错）		每组 2～3 具
	消火栓	地下立交隧道侧墙	50 m	车道面上1.3～1.5 m	
	固定式水成膜泡沫灭火装置	地下立交隧道侧墙	50 m	车道面上1.3～1.5 m	
	给水栓（外部）	隧道洞外路侧			
	给水栓（内部）	隧道内紧急停车带			
	湿式自动喷水-泡沫灭火系统				视实际情况而定
导向设施	疏散指示灯	地下立交隧道侧墙	50 m	<1.5 m	
	有线广播	地下立交隧道侧墙	100 m		
	无线广播				全程覆盖
救援逃生设施	车行横洞		750 m		1000 m 以下隧道可不设，1000～1500 m 宜设一处
	人行横洞		采用集中排烟方式时按 250 m 间距设置，采用纵向排烟方式时按 190 m 间距设置		500 m 以下隧道可不设，500～800 m 宜设一处；宽度宜取 3.0 m
	紧急出口	地下立交隧道侧墙			视实际情况而定
	避难洞室	地下立交隧道侧墙			视实际情况而定
其他设施	交通安全设施				标志、标线等
	应急照明设施				根据 JTG/T D70/2-02—2014 设计规范设置
	防排烟设施				根据 JTG/T D70/2-02—2014 设计规范设置

续表

地下立交隧道防火安全设施		设置位置	设置间距	设置高度	备注
其他设施	应急电源设施				根据 JTG/T D70/2-02—2014 设计规范设置
	交通信号灯	地下立交隧道入口联络通道前20～50 m			
	防火建筑材料				视实际情况而定
	运营管理中心				视实际情况而定

6.3　大型地下互通立交人员安全疏散研究

地下立交隧道的安全疏散设施包含人行横通道、车行横通道、逃生滑梯、工作井、地下道路出入口、疏散标志以及防排烟系统等。地下道路安全疏散技术要求体现以下几个原则：

（1）在疏散过程中，地下立交中的人员应不受到火灾中的烟气和火焰热的侵害。

（2）最有效的疏散装置。

（3）最安全的临时避难场所。

（4）最简明的疏散路线。

（5）最畅通的安全出口。

6.3.1　地下互通式立交疏散特点

地下互通式立交疏散时逃生和救援的结合，在这个过程中司乘人员的安全是疏散的最终目标，因此，大型地下互通式立交疏散的特点可以从三个方面进行总结：人员、逃生和救援。

1）人员构成复杂

司乘人员的逃生意识差异很大，一部分有逃生意识并有自救技能的司乘人员，在突发事件时可能冷静下来采取自救措施，但是对于自救意识较差的司乘人员来说，在恐慌心理下不知所措。

2）逃生条件差

（1）地下立交空间狭小。

地下立交深埋于地下，空间封闭狭小，只能靠风机机械送风，通风不良，当地下立交发生灾害时，人车众多且慌乱，司乘人员的疏散和救援非常困难。

（2）烟雾大，温度高，能见度低。

地下立交呈狭长形，内部空间较小，近似于封闭空间。火灾发生后，地下立交中空气不足，多发生不完全燃烧，产生的烟气浓度很高，而且很难通过自然排烟排出。地下道路内虽有照明灯具，但是能见度仍然很低，特别是在火灾烟雾条件下，灯光的亮度被减弱，人的视觉减弱，疏散标志发出的光会被烟雾所淹没，将严重制约司乘人员的疏散。根据日本相关试验，不熟悉地形的人员戴上墨镜在地下空间行走，水平路面的步行速度比普通条件下降低 75%，黑暗的陌生环境会对人的生理和心理产生强烈的刺激，使人群产生慌乱，争先恐后逃散，造成混乱拥挤，更加影响疏散。

3）救援难度大

（1）车辆、人员疏散困难。

地下立交近似于封闭空间，道路狭窄，所以火灾烟气容易迅速充满全洞，致使其中的能见度降低；此外，不完全燃烧生成的大量 CO 等有害气体也会对地下立交内人员的人身安全构成威胁。如果火灾发生在地下立交内接近出入口的区域，由于火焰封锁通道，也会造成人员难以安全疏散。

火灾发生后容易造成车辆堵塞，且地下立交不同于一般公路隧道，火灾发生时，地下立交中的人员及车辆数量、堵塞状况和疏散十分困难。另外，驾驶人员对火灾的恐惧心理，很容易造成交通堵塞或出现新的交通事故，而严重影响车辆疏散；地下立交越长，车辆疏散所需的时间越长，火灾期间发生二次灾害的可能性越大。

（2）灭火救援难度较大。

地下立交火灾类型、发生蔓延规律不确定，且燃烧强度很高的恶性油品火灾较多。燃烧生成的浓烟、高温及形成的缺氧状态都对救援造成重要影响。地下立交出入口少，通道狭窄，距离长，而且灭火工作面和救援途径单一、受限，且灭火救援路线容易与人员和车辆的疏散路线、烟气流动路线交叉；而且由于地下通信困难，地面的灭火指挥员很难准确了解火灾现场的情况，从而难以实施及时有效的指挥。同时大型灭火设备无法进入地下立交，进入的人员也要进行特殊防护，因此灭火困难较大。远离城市的地下立交缺乏可靠的消防水源，且地下立交内灭火条件有限，当火场温度过高时，地下立交隧道拱顶混凝土有烧塌崩落的危险，这些都使灭火救援的难度无法估量。地下立交消防设施设置的合理性和使用效率、地下立交的管理效率和自救、应急能力等都对地下立交火灾延续时间和火灾扑救的成功率具有重要作用。

（3）通信不畅。

地下道路发生火灾时，可能会烧毁地下立交内的有线或者无线通信设备，造成通信中断，使得地面指挥与地下逃生和救援人员失去联系，从而无法了解现场情况，不能及时准确地作出针对性的方案决策。

6.3.2　火灾状态下安全疏散的判断条件

如图 6.3-1 所示，人员疏散和火灾发展可认为同时沿着一条时间线不可逆地进行。火灾过程大体分为起火、火灾增长、充分发展、火势减弱、熄灭等阶段，从人员安全的角度出发主要关心前两个阶段。人员的疏散一般要经历察觉火灾、行动准备、疏散行动、疏散到安全场所等阶段。在此过程中，地下道路管理中心探测到地下立交内发生火灾并及时发出火灾警报和疏散提示信息具有重要意义。

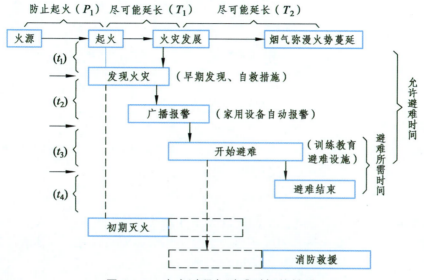

图 6.3-1　火灾过程与避难时间的关系

当地下道路发生火灾后，司乘人员是否能够安全疏散主要取决于两个时间因素：一是从火灾发生到人员疏散到安全区域需要的实际时间，即所需安全疏散时间 T_{REST}（Required Safe Egress Time）；一是火灾发展到对威胁人员安全疏散所需的时间，即可用安全疏散时间 T_{AEST}（Available Safe Egress Time）。保证火灾状态下地下道路内人员安全疏散的关键是所需安全疏散时间 RSET 必须小于可用安全疏散时间，见式（6.3-1）。

$$T_{REST} < T_{AEST} \tag{6.3-1}$$

6.3.2.1　所需安全疏散时间 T_{REST}

火灾发生后人员所需安全疏散时间 T_{REST} 是指从火灾发生到人员疏散在安全区域所需要的实际时间，紧急情况下全部疏散完毕的时间可分为报警时间、人员响应时间、人员疏散行程时间，如图 6.3-2 所示。

火灾发生后人员所需安全疏散实际时间 T_{REST} 用式（6.3-2）来表示：

$$T_{REST}=T_a + T_b + T_m \tag{6.3-2}$$

式中：T_a——报警时间（s）；

　　　T_b——人员响应时间（s）；

　　　T_m——人员疏散行程时间（s）。

报警时间为火灾开始到人员知道火灾之间的时间段。火源邻近区域人员主要通过视觉感知火灾发生，而其他区域的觉察时间主要与探测和监控系统的性能有关。在地下道路中主要为车辆火灾，火灾发展比较快速，较易被发现，其预警时间假定为探测时间 60 s。

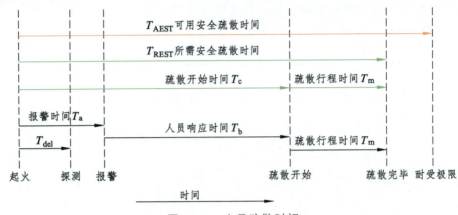

图 6.3-2 人员疏散时间

人员响应时间为人员认识火灾到决定弃车开始疏散的时间。当火灾探测系统报警后，疏散人员意识到有火情，但并不会马上急于疏散，而是首先通过获取信息进一步确认是否真的发生了火灾，然后再采取相应的行动。根据有关调查研究，火灾时，不同类型建筑物内的人员行为和反应时间存在着一定的差别，人员响应时间与建筑内采用火灾报警系统的类型有直接关系，可见英国标准 BSDD240《建筑火灾安全工程》中关于人员疏散准备时间的确定表，如表 6.3-1。地下立交隧道采用事先录制好的声音广播系统，人员疏散响应时间可取为 60 ~ 180 s。推荐探测到火灾后发出录音警报信息，减少响应时间为 120 s，靠近火源处响应时间为 60 s。

表 6.3-1 采用不同报警系统时的人员响应时间

建筑物通途及特性	人员响应时间/min			备 注
	报警系统类型			
	W1	W2	W3	
办公楼、商业或工业厂房、学校（居民处于清醒状态，对建筑物、报警系统和疏散措施熟悉）	<1	3	>4	W1 为现场广播、来自闭路电视系统的控制室； W2 为事先录好的声音广播； W3 为采用警铃、警笛或其他类似报警系统的报警系统
商店、展览馆、博物馆、休闲中心等（居民处于清醒状态，对建筑物、报警系统和疏散措施不熟悉）	<2	3	>6	
旅馆、公寓（居民可能处于睡眠状态，对建筑物、报警系统和疏散措施熟悉）	<2	4	>5	
旅馆、公寓（居民可能处于睡眠状态，对建筑物、报警系统和疏散措施不熟悉）	<2	4	>6	
医院、疗养院及其他社会公共机构（有相当数量的人员需要帮助）	<3	5	>8	

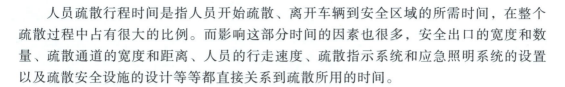

人员疏散行程时间是指人员开始疏散、离开车辆到安全区域的所需时间，在整个疏散过程中占有很大的比例。而影响这部分时间的因素也很多，安全出口的宽度和数量、疏散通道的宽度和距离、人员的行走速度、疏散指示系统和应急照明系统的设置以及疏散安全设施的设计等等都直接关系到疏散所用的时间。

6.3.2.2　可用安全疏散时间 T_{AEST}

大型地下互通式立交安全疏散技术研究的目的之一在于获得可用安全疏散时间 T_{AEST}。如前所述，确保人员安全疏散就是要保证人员在火灾达到危险状态之前全部疏散到安全区域。在地下立交火灾情况下，影响人员安全疏散的几个主要因素为：

1）烟气层高度

地下立交发生火灾时，烟气层含有一定的热量、胶质以及毒性分解物等，是威胁人员安全疏散的主要因素。在人员的疏散过程中，烟气层只有保持在人群头部以上一定高度，才能使得在疏散时不必从烟气中穿过或受到热烟气流的辐射热威胁。

2）辐射热

人体皮肤耐受热荷载值是有限的，热辐射过大会烧伤皮肤、降低人员的行动能力甚至导致死亡。在地下立交火灾热辐射和对流的条件下，人体能够耐受的时间取决于空气的温度、湿度以及人员穿戴服装的绝热性。水的比热比空气高，因此在相同温度下，吸入潮湿空气对呼吸道的伤害比吸入干燥空气的伤害更加严重。例如：在潮湿环境下 80 °C 可以坚持 15 min。

相关研究表明，火灾环境中烟气辐射热荷载 2.5 kW/m² 相当于上部烟气层的温度达到 180～200 °C；而呼吸过热的空气会导致热冲击和皮肤烧伤，人体可短时间承受的对流热为 100 °C。具体指标参见表 6.3-2。

表 6.3-2　人体辐射和对流的耐受极限

辐射热强度/（kW/m²）	耐受时间/s	对流热强度	耐受时间/min
<2.5	>300	<60 °C，水分饱和	>30
2.5	30	100 °C，水分含量<10%	12
10	4	180 °C，水分含量<10%	1

可见，距路面在一人高处烟气温度<100 °C 时，人员可安全地疏散；当温度超过180 °C 则已不存在人员生还的可能。应当指出，人体表面能承受的极限热荷载值与地下立交内的通风速度密切相关。一般地，在静止空气条件下人体皮肤的极限热荷载之温度为 100 °C，而当纵向风速为 2～4 m/s 时则接近 300 °C。

3）有毒物质

火灾中的热分解产物及其体积分数因燃烧材料、建筑空间特性和火灾规模等不同而有所区别。各种组分的热解产物生成量及其分布比较复杂，不同组分对人体的毒性影响也有较大差异，在消防安全分析预测中很难比较准确地定量描述。因此，工程应用中通常采用一种有效的简化处理方法：如果烟气的光密度不大于 0.10 m^{-1}，则视为各种毒性燃烧产物的体积分数在 30 min 内将不会达到人体的耐受极限，通常以 CO 的体积分数为主要定量判定指标。

4）能见度

一般烟气体积分数较高则可视度降低，逃生时确定逃生途径和做决定所需的时间都将延长。一般烟气体积分数较高则能见度降低，逃生时确定逃生途径和做决定所需的时间都将延长。能见度的降低将对人员逃生速度有一定程度的影响。

在烟雾环境下为了正常行走至少需要 7 m 的能见距离。为了识别标志，距离必须是 15 m。因此，在疏散和消防时应考虑最小 7~15 m 的能见距离。

综上所述，在火灾情况下保证人员安全地进行疏散需同时满足以下四个条件：

（1）2 m 以上空间内的烟气层的辐射热荷载 2.5 kW/m^2，相应的温度不能超过 180 ℃。

（2）2 m 以下空间内的烟气温度不能超过 80 ℃。

（3）能见度不小于 7 m。

（4）CO 浓度≤10^{-3}。

6.3.3 所需安全疏散时间 T_{REST} 的确定（以联络横通道方式为例）

在地下大型互通立交火灾中，影响人员安全疏散的因素很多，譬如火灾的特性、人员的行为及反应特性、烟雾的危害、地下立交安全设施的运行状况等。为了判断人员能安全逃离，必须研究人员疏散速度、火灾发生位置、疏散开始时间、逃生设施的疏散能力等因素。

1）火灾发生位置

火灾发生的位置对人员的逃生有很大影响，发生的位置不同，人员距离安全区域的距离是不一样的，逃生的效果也是截然不同的。本书以地下立交火灾发生在某一逃生通道口的最不利情形来考虑（即发生火灾处逃生通道口丧失其功能，假设无人员可从这里逃生）。

2）人员荷载

假定道路功能定位为客运车辆专用通道，地下快速道路发生异常时，按每 8 m 滞留一辆车，其中大型公交车占 10%、中巴车占 10%、小轿车占 80%，则 2 车道每 100 m 滞留汽车数量和人数如表 6.3-3 所示。

表 6.3-3　每 100 m 地下道路内逃生人数

车辆类型	各车辆种类内乘客数量	所能容纳的各种车辆数	各种车辆的乘客数
大型公交车	50	2	100
中巴车	15	3	45
小客车	4	20	80
该段区域内总逃生人数			225

3）人员疏散速度

人在火灾中的逃生行为是十分复杂的，不同年龄、不同性别、不同文化背景的人在火灾中的逃生行为有很大差别，主要体现在疏散速度的差别上（表 6.3-4）。为了研究问题的方便，将地下立交内人群视为人流处理，认为人流具有一定的密度、速度及流量，而不单独考虑人流内各个人员的具体特征。因此，在人员安全疏散设计中仅考虑人流的平均疏散速度。由此，人员在地下立交内的疏散时间与人流在地下立交内的疏散距离及速度有关，合理地确定出地下立交内人员的平均疏散速度具有举足轻重的意义。

表 6.3-4　人流步行速度与密度关系比较

人流密度/（人/m²）	实测步行速度	公式计算速度
1.0	1.3	1.1
1.5	1.0	0.9
2.0	0.7	0.76
3.0	0.5	0.45
4.0	0.35	0.13

人的步行速度和人员密度也有关，如果人与人之间空隙较大，人可以以正常的步伐快速行进，反之则越来越慢。资料表明，人流在疏散时，出现危险的极限密度为 3.6 人/m。人员密度超过此值，就会造成疏散中的危险。步行速度与流密度的关系可见表 6.3-5。

表 6.3-5　不同人群行走速度比较　　　　　　　　　　　单位：m/s

行走状态	成年男子	成年女子	儿童或老人
紧急状态，水平行走	1.35	0.98	0.65
紧急状态，由上向下	1.06	0.77	0.40
正常状态，水平行走	1.04	0.75	0.50
正常状态，由上向下	0.40	0.30	0.20

一般正常人在无烟环境如建筑物和地铁站的行走速度在 1.0～2.0 m/s，在无刺激性烟雾的状况下，逃生人员的行走速度随能见度降低而减小；但在有刺激性烟雾影响的状况下，这种趋势更加明显。这是由于烟雾会加剧能见度的下降，使逃生人员对方向

的判别能力下降，导致了行走速度的减缓。

在地下道路发生火灾时，人员疏散速度在 0.5～1.5 m/s，主要取决于烟雾的能见度、照明亮度和出口标志的可识别性。综合国内外的相关文献，在进行人员的疏散计算时，能见度不小于 7 m 可将人员疏散速度取值为 1.2 m/s，当能见度小于 7 m 时人员疏散速度取值为 0.5 m/s。

4）疏散开始时间

疏散开始时间包括两部分：报警时间和人员响应时间，两者的定义详见 6.3.2.1 节，此处不再赘述。

人员响应时间也就是人员意识到火灾发生时的反应时间。国内外的调查研究表明，发生火灾后，人员听到报警信号后的第一反应不会是立即投入疏散行动。人员的心理因素直接影响到火灾时的行为与反应，国外的研究证明：在火灾情形下，人员听到报警信号是否就能意识到发生火灾是值得考虑的，因为火灾探测器发生误报或者假警报的存在，人员会用时间来辨别真伪。可以设想，人员经历数次假警信号后，将会对下次的报警做出何种反应。即使人员意识到火灾发生，也一定会认识到生命受到威胁，在心理上否认自己已经处于危险的环境，总是侥幸认为威胁是轻微的。只有搜集到更多的诸如火焰、浓密的烟气等信息后，人员才确定发生了严重的问题。即使在这种状态下，人员还会有收拾物品、抢救财产的行为。当选择逃生时，人员之间的社会关系是使疏散滞后的一个原因。大量的火灾案例调查表明，只有当一个群体（如家庭成员）全部准备就绪后才会进行疏散，父母不带上孩子不会离开，孩子没有兄弟姐妹不会走，这样就势必会影响到后面的疏散速度。以上各个方面都会对疏散开始的时间产生影响，而其中的某些行为会使得人员失去最有利的疏散时机，直接导致人员的伤亡。

应当加大对人员日常教育的力度，使得人员认识到火灾的危险性和火场逃生的紧迫性，掌握部分火场自救的方法。另外，在发现火灾后，管理人员应当及时通过广播等工具督促人员投入疏散行动之中，使得人员开始疏散的时间提前，提高人员的安全度。

由 6.3.2.1 节可知，报警时间为 60 s，人员响应时间为 60～120 s，则人员开始疏散时间为 120～180 s。

5）人员疏散行程时间

行程时间为人员从开始撤离至到达安全地所需的时间，主要包括两部分：车辆内疏散时间和路面疏散时间。

车辆内疏散时间与车辆类型有关，小客车车内疏散时间较短，大客车车内疏散时间较长。不同人的行为特点不同，按正常人情况考虑，在座椅密集的车辆内，人的行走比较困难。研究表明，人员在车内的疏散速度为 0.2～0.4 m/s。以着火车辆为大中型客车为例，设车身长度为 10 m，最后排座位的人员的撤离距离取为 9 m。则行动最慢的人员从车尾到达前车门的疏散时间为 T_m=9/0.2=45 s。车辆发生火灾时，车内的乘客可能引起混乱。特别是车辆撞击后的起火更容易使人烦躁不安，不稳定的情绪可能导

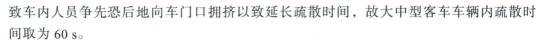

致车内人员争先恐后地向车门口拥挤以致延长疏散时间，故大中型客车车辆内疏散时间取为 60 s。

若撞击起火的是两辆小客车，每辆车内的人员一般为 2～3 人。考虑到卡车上的人员较少，且车内的人员疏散时间相当短，可忽略不计。

路面疏散时间主要与人员疏散速度、安全疏散设施设置间距有关。

6）联络横通道通过时间

地下道路的联络横通道宽度相对于地下道路宽度来说，是很小的。因此，在进行安全疏散时，大批人员拥到通道口可能会受到阻塞，出现滞留现象，同时疏散通道口也不能完全用于人员通行，要计算人行横通道的疏散能力，必须考虑各方面的影响因素。

联络横通道的宽度小于地下立交的宽度，因此大批人员拥到疏散通道口可能会受到阻挡，同时疏散通道口宽度不能完全用于人员通行，有效宽度大约比实际宽度窄 0.3～0.4 m。若地下道路内临危区域人数为 P，单位疏散通道口宽度单位时间通过的人数为 r，疏散通道口宽度为 w，取疏散通道边界厚度为 0.3 m，出口数为 n，则人员全部通过疏散横通道口所必需的时间可用下式表示：

$$t_1 = \frac{P}{nr(w-0.3)} \tag{6.3-3}$$

式中：r 为 1.2～1.5 人/（m·s），本书按最不利情况取值为 1.2 人/（m·s）。

7）人员所需的安全疏散时间计算

本书参考复杂建筑物火灾的人员疏散模型，假设道路内只允许客车通行，火灾是由两辆大客车相撞引起的，且火灾位于某一逃生通道口处，结合人员在不同的火灾场景中的疏散速度，在各可能的疏散通道间距和不同联络通道宽度的情况下，计算出人员所需的安全疏散时间，整理结果如图 6.3-3 所示。

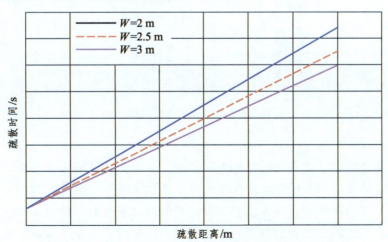

图 6.3-3　不同疏散通道间距和联络通道宽度下的 T_{REST}

6.3.4 可用安全疏散时间 T_{AEST} 的确定

火灾产生的高温及烟气是对人体最大的有害因素。火灾产生的大量高温烟雾，对于地下立交内的车辆和人员的逃生，具有极大的威胁，其危害表现在：高温烟气在移动中，向周围不断辐射热量，对人员、结构造成损伤，同时由于火风压作用，会导致地下立交内通风系统紊乱；浓烟使得地下立交内的能见度降到很低，降低甚至损伤逃生通道和信号引导灯的功用。同时，含有大量有毒有害气体的高温烟雾会刺激人眼睛流泪使视力下降，同时给人在精神上和体力上造成巨大的压力，对人员和车辆的逃生以及火灾救援产生极大的妨碍；烟气中含有大量的有毒有害气体，是造成人员伤亡的很重要的原因。

目前，我国公路隧道主要以采用纵向通风方式为主，少数隧道采用"纵向通风+集中排烟方式"。本书将分别对这两种通风方式的可用安全疏散时间进行研究。

6.3.4.1 FDS 火灾模型的建立

本研究通过 FDS 建立地下立交火灾模拟模型，模拟火灾发生时地下立交内部流体流动、传热传质、化学反应和相变，涉及质量、动量、能量和化学成分在复杂多变的环境条件下相互作用，记录人员疏散危险临界条件相关数据如温度、一氧化碳浓度、能见度随时间变化的规律。建模流程图见图 6.3-4。

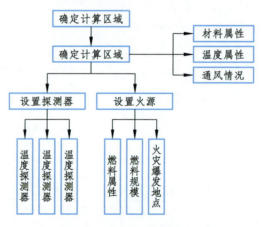

图 6.3-4　FDS 建模流程

1）建立物理模型

物理模型是地下立交火灾模拟的主体部分，应在计算区域内，根据实际地下立交尺寸建立相应的模型。由于 FDS 软件仅能建立长方体构件，当需建立斜面或者曲面时，可采用多个长方体构件组合成锯齿状，形成近似斜面或曲面，单个锯齿的宽度越小，锯齿数量越多，所形成的表面越接近于原曲面。可视地下立交各部位的重要程度进行不同精度的模拟，关键区域应尽可能接近地下立交实际情况，如地下立交隧道顶部，

非关键区可做相应简化，如地下立交隧道直墙底部、地下立交内装饰性部位等。本研究中为了达到模拟的精度要求，采用细小矩形逼近弧形的方法，对整个地下立交断面进行拟合。

本研究以拟建的重庆两江隧道为依托进行地下立交火灾模拟计算。

2）设置地下立交燃烧参数

应根据地下立交实际情况，设定地下立交燃烧的参数，主要包括：

（1）材料属性，如混凝土、钢材、木材等，默认材料为惰性表面。本书中采用混凝土材料模拟地下立交。

（2）温度属性，如墙体温度、墙面温度、气体温度、隧道内温度、隧道外环境温度等，默认温度为 20 ℃。

（3）地下立交内通风情况，如气体流动的风速、方向、温度、位置等，包括风机的设置位置以及功率等。

3）火灾规模

交通组成以小客车为主，所以小客车引起火灾的概率最高。据估计，95%的小汽车火灾事故是由汽车故障引起的，而不是由交通事故引起的。因此，在大多数的事件中，只有 1 辆小汽车被卷入火灾中。小汽车的火灾规模并不是很大，但能产生大量的烟雾。尽管烟雾的温度不是很高，但产生的有毒气体却足够对人产生伤害。当货车发生火灾时，将会产生大量的热量和有毒气体。德国的 Elb 隧道从 1979 年到 1985 年所做的调查显示：在交通组成中，货车仅占 15%，但在发生的火灾中，有 30%是货车引起的，调查中发现，几乎所有的火灾都与交通事故有关。

如果火灾是由一起交通事故引起的，那涉及其中的车辆就不止一辆。在这种条件下，火灾的规模一般都是很大的并且取决于涉及这起事故的车辆组成。这并不意味着由车辆故障引起的火灾规模就不会很大，相反地，也不意味着有交通事故引起的火灾规模就一定很大。在 Mont Blanc 隧道中，由车辆故障引起的火灾规模很大。

地下立交火灾场景主要取决于道路的功能定位和交通工具的类型，道路的交通组成主要以小客车、公交车为主，本研究考虑最不利工况，即两辆公交车相撞起火，其最大火灾规模为 50 WM。

4）建立燃烧模型

建立地下立交物理模型，模拟段长 1 000 m，宽 13.55 m，高 11.217 m，混凝土壁厚 0.65 m。其中宽度为路面净宽加混凝土壁厚得到，高度由地下立交断面计算得到。设置火源于地下立交中部，最大火灾功率为 50 MW，间距 10 m 在距地面 2 m 高平面上设置烟雾探测器、温度监测器。模型截面见图 6.3-5。

本模型中火灾热释放率定义为单位面积火源的火灾功率。本研究中火灾由两辆公交车相撞引起的，火源大小取为底面积为 5 m×2 m。

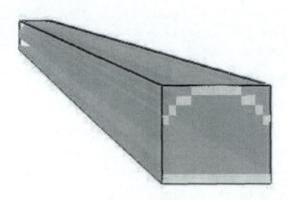

图 6.3-5　物理模型

分别考虑地下立交内为无风和临界风速 3 m/s 时的火灾工况，在此模型基础上进行 10 min 的 FDS 模拟，并且记录下地下立交中线上高 2 m 处的温度、CO 浓度及能见度。

6.3.4.2　集中排烟方式下 T_{AEST} 的确定

地下立交发生火灾后，采用集中排烟方式排放烟雾，烟雾在扩散过程中能稳定地维持在行车通的上部空间，并不断地经排烟阀进入排烟风道后向地下立交两端蔓延。同时，烟气能够被控制在排烟阀的开启范围内。集中排烟法能有效地控制火灾烟气在行车通道内的下沉和蔓延，地下立交下部空间未受烟雾污染，对于人员的逃生极其有利。因此仅需对地下立交下部空间内的温度进行分析。

在火灾工况时，对称开启火源两侧的排烟阀，火源两侧烟气将呈对称分布，因此，在集中排烟方式下进行人员逃生疏散分析时，可只取火源一侧进行分析。

地下立交火灾发生后不同时刻烟气层温度分布如图 6.3-6 所示。

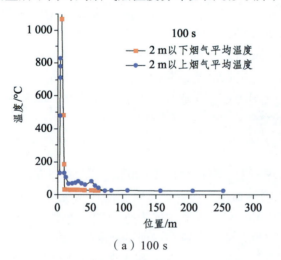

（a）100 s

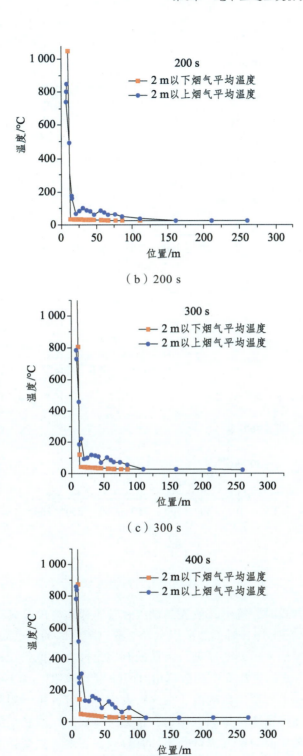

（b）200 s

（c）300 s

（d）400 s

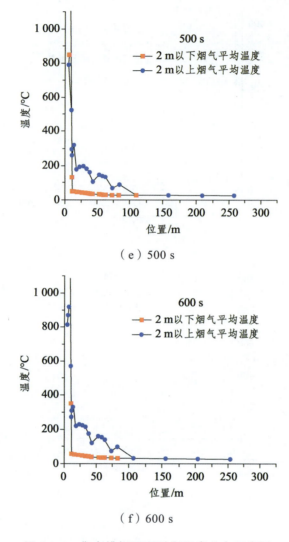

（e）500 s

（f）600 s

图 6.3-6　集中排烟不同时段温度分布示意图

采用集中排烟方式时，能够有效控制烟气在行车通道内的蔓延，将烟流限制在一个比较小的范围内。由上述各时刻 2 m 以上及 2 m 以下空间的烟气层温度发展示意图，结合在火灾情况下保证人员安全地进行疏散的判定条件，可得到在地下立交发生火灾时，采用集中排烟方式的人员安全疏散可用时间 T_{ASET}，如图 6.3-7 所示，烟气及温度的分布能被控制在一个有限的范围内。在火灾发生后，打开排烟阀利用独立排烟道集中排放烟雾，烟气能够迅速从排烟道排走，将火灾释放的、威胁人员生命健康的有害烟气与维持人员呼吸的清洁空气进行分离，有效确保了地下立交隧道内的维生环境，对于人员的顺利逃生极其有利。

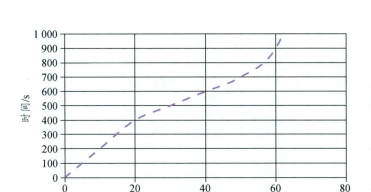

图 6.3-7　集中排烟方式下的 T_{AEST}

6.3.4.3　纵向排烟方式下 T_{AEST} 的确定

采用纵向排烟方式的地下立交在火灾情形下，以临界风速来控制地下立交内烟雾的流动方向，即向行车方向下游流动，火源上游逃生不受烟雾的影响；如果火源下游出现交通阻塞情况时，位于该段的司乘人员逃生将会受到烟雾的影响（地下道路发生火灾的概率较低，为 4.0 次/亿车公里，地下道路中同时出现两起事故的概率更低，因此本书中不考虑地下道路中同时出现两起事故的情况）。此外，在火灾发生初期通风没有开启的情况下，火灾烟雾会向火源两侧扩散，司乘人员疏散亦受到烟雾的侵袭。因此,本书通过 FDS 数值计算对纵向风速 v=0 m/s 和临界风速 v=3 m/s 两种情况下的 T_{AEST} 进行分析。

1）风速为 0 m/s 的情况

（1）温度分析。

由图 6.3-8 ~ 图 6.3-10 可知，在地下立交不通风情况下，地下立交温度随时间的延长而升高，但涨幅逐渐趋于平缓。在火源点处，温度变化不大。当以温度作为火灾危险临界条件的判据时，$T_{AEST}\big|_{10\,m}^{Tem}$ = 530 s。距火源 60 m 处，地下立交温度都不超过 80 °C，其将不作为危险时间的判据。

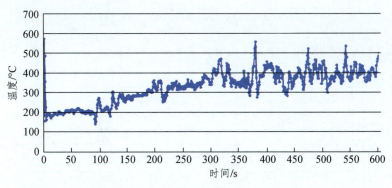

图 6.3-8　火源处地下立交温度分布图（v=0 m/s，2 m 以下范围）

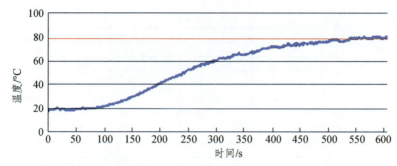

图 6.3-9　距火源 10 m 处地下立交温度分布图（v=0 m/s，2 m 以下范围）

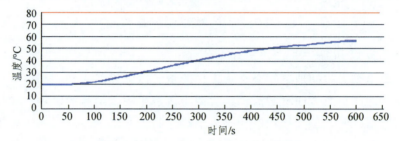

图 6.3-10　距火源 60 m 处地下立交温度分布图（v=0 m/s，2 m 以下范围）

（2）能见度分析。

由图 6.3-11 ~ 图 6.3-13 可知，在地下立交不通风情况下，地下立交能见度在特定距离处，随时间的延长而减少，且距离火源越远，能见度受到的影响越滞后。由图易知，当以能见度作为火灾危险时间判断条件时，$T_{\text{AEST}}\big|_{10\,\text{m}}^{\text{Vis}} = 255\ \text{s}$，$T_{\text{AEST}}\big|_{60\,\text{m}}^{\text{Vis}} = 230\ \text{s}$，$T_{\text{AEST}}\big|_{300\,\text{m}}^{\text{Vis}} = 390\ \text{s}$。

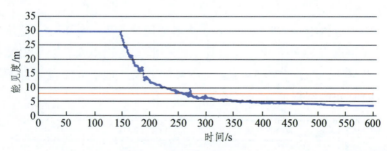

图 6.3-11　距火源 10 m 处地下立交能见度分布图（v=0 m/s，2 m 以下范围）

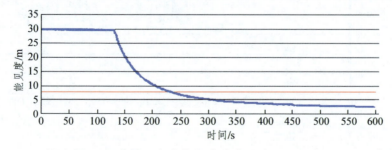

图 6.3-12　距火源 60 m 处地下立交能见度分布图（v=0 m/s，2 m 以下范围）

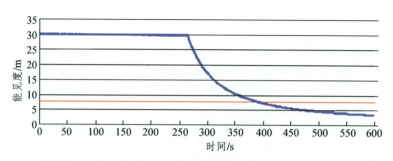

图 6.3-13　距火源 300 m 处地下立交能见度分布图（v=0 m/s，2 m 以下范围）

由图 6.3-14 可知某一特定时间能见度随距离的增大而增大，火源处几乎为零。

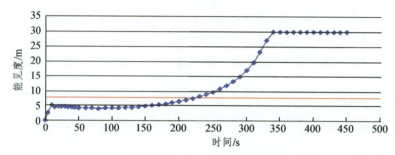

图 6.3-14　300 s 时地下立交能见度纵向分布图（v=0 m/s，2 m 以下范围）

（3）CO 浓度分析。

由图 6.3-15、图 6.3-16 可知，地下立交在某一时刻，纵向 CO 浓度变化不大，除了在火源点之外，均保持着较小的值。故 CO 浓度可不作为危险性的判据。下文中不再对 CO 浓度过多的叙述。

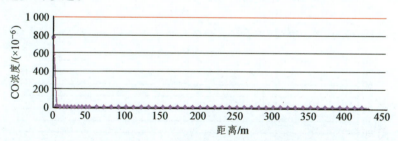

图 6.3-15　20 s 时地下立交 CO 纵向分布图（v=0 m/s，2 m 以下范围）

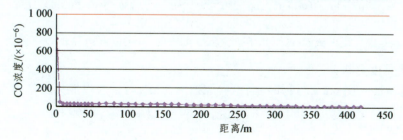

图 6.3-16　300 s 时地下立交 CO 纵向分布图（v=0 m/s，2 m 以下范围）

2）风速 $v=3$ m/s 的情况

（1）温度分析。

由图 6.3-17～图 6.3-19 可知，当纵向风速为 3 m/s 时，距火源 10 m 以外的地下立交温度就低于 80 ℃，故其不作为危险条件的判据。

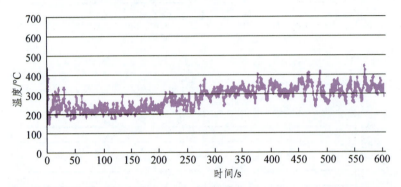

图 6.3-17　火源处地下立交温度分布图（$v=3.0$ m/s，2 m 以下范围）

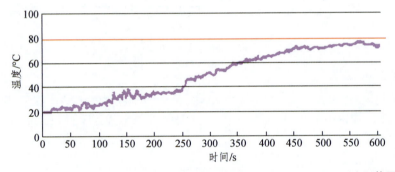

图 6.3-18　距火源 10 m 处地下立交温度分布图（$v=3.0$ m/s，2 m 以下范围）

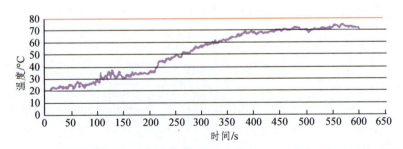

图 6.3-19　距火源 60 m 处地下立交温度分布图（$v=3.0$ m/s，2 m 以下范围）

（2）能见度分析。

由图 6.3-20～图 6.3-22 可知，当纵向风速为 3 m/s 时，当以能见度作为火灾危险时间判断条件时，$T_{AEST}|_{10\,m}^{Vis}=300$ s，$T_{AEST}|_{60\,m}^{Vis}=280$ s，$T_{AEST}|_{200\,m}^{Vis}=360$ s。

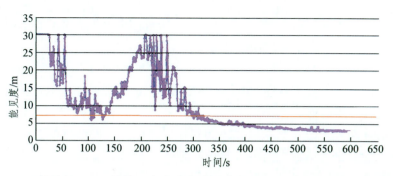

图 6.3-20 距火源 10 m 处地下立交能见度分布图（v=3.0 m/s，2 m 以下范围）

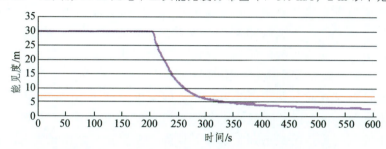

图 6.3-21 距火源 60 m 处地下立交能见度分布图（v=3.0 m/s，2 m 以下范围）

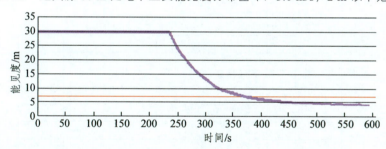

图 6.3-22 距火源 200 m 处地下立交能见度分布图（v=3.0 m/s，2 m 以下范围）

3）纵向排烟方式下 T_{AEST} 分析

（1）温度。

在没有纵向通风的情况下，当以温度作为火灾危险临界条件的判据时，仅在距火源 10 m 处 2 m 以下地下立交空间的温度超过了 80 ℃，可得 $T_{AEST}\big|_{10\,m}^{Vis}=530\,s$。距火源 60 m 处，地下立交温度都不超过 80 ℃。

在纵向风速达到临界风速 3.0 m/s 的情况下，距火源 10～300 m 的区域在火灾发生后 600 s，2 m 以下地下立交空间的温度均没有超过 80 ℃，且在 580～600 s 时温度增长趋于平缓。

（2）能见度分析。

在没有纵向通风的情况下，当以能见度作为火灾状态下安全疏散的判断条件时，由以上分析得出 $T_{AEST}\big|_{10\,m}^{Vis}=255\,s$，$T_{AEST}\big|_{60\,m}^{Vis}=230\,s$，$T_{AEST}\big|_{300\,m}^{Vis}=390\,s$。

当纵向风速为 3 m/s 时，当以能见度作为火灾危险时间判断条件时，由以上分析得出 $T_{AEST}\big|_{10\,m}^{Vis}=300\ s$ ， $T_{AEST}\big|_{60\,m}^{Vis}=280\ s$ ， $T_{AEST}\big|_{200\,m}^{Vis}=360\ s$ 。

（3）CO 浓度分析。

由以上分析可知，地下立交在某一时刻，纵向 CO 浓度变化不大，除了在火源点之外，均保持着较小的值。

采用纵向排烟方式时，当纵向风速达到临界风速时，能够将烟雾限制在火源一侧向行车方向下游蔓延。火源上游的人员的疏散不受烟雾、温度、有毒气体的影响，对于人员的顺利逃生极其有利，能够安全地到达安全区域，而火源下游的车辆可以迅速从隧道出口驶离地下立交。然而在火灾发生初期，地下道路内风机没有开启，此时烟雾会向火源两侧蔓延，由上述各时刻 2 m 以下空间的能见度发展示意图，结合在火灾情况下保证人员安全地进行疏散的判定条件，得到在地下立交发生火灾时，采用纵向排烟方式火源上游侧人员安全疏散可用时间 T_{ASET}。

采用纵向排烟方式时，假设事故肇事车辆的其中一辆客车的司乘人员选择向火灾下游进行逃生疏散，由上述各时刻 2 m 以下空间的能见度发展示意图，结合在火灾情况下保证人员安全地进行疏散的判定条件，得到在地下立交发生火灾时，采用纵向排烟方式火源下游侧人员安全疏散可用时间 T_{ASET}，如图 6.3-23 所示。

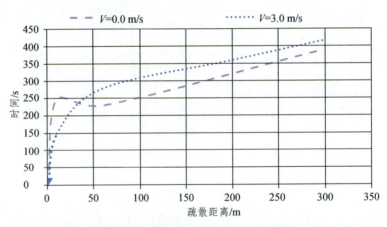

图 6.3-23　不同风速下人员疏散情况

6.4　本章小结

首先，本章通过地下互通立交火灾数值模拟和实体试验研究，为隧道评估提供相关理论基础。在实际隧道火灾中，人员安全疏散受到多重因素的影响，比如风机开启人员操作是否及时、救援人员到达的及时性和救援能力、现场实时环境的复杂性等都会增加隧道火灾的不确定性，相关专业技术人员及救援人员等应结合实际情况，合理地按照相关预案，加强日常运营的风险管理和提高应对突发灾害时的应急救援能力，

减少人员伤亡。

　　其次，本章针对地下互通立交防火安全设施，根据目前地下立交隧道建设的实际状况和技术水平，建立了地下立交隧道防火安全等级体系，提出了影响地下立交隧道防火安全等级的 5 个因素和 4 种关系，认为地下立交隧道防火安全等级的划分必须同时考虑地下立交隧道长度和交通量。本章选取地下立交隧道的特征长度分别为 0.5 km、1.0 km、3.0 km、5.0 km，交通量影响分级的临界值为取 5 000 pcu/d，将地下立交隧道防火安全等级划分为 5 个等级，并给出了与之相对应的防火设施配置。

　　最后，本章对地下立交发生火灾时人员安全疏散所需的时间进行了分析，得出了以下结论：

　　（1）地下立交发生隧道生火灾后，司乘人员是否能够安全疏散主要取决于两个时间因素：一是从火灾发生到人员疏散到安全区域需要的实际时间，即所需安全疏散时间 T_{REST}；一是火灾发展到对威胁人员安全疏散所需的时间，即可用安全疏散时间 T_{AEST}。要使得司乘人员能够安全地进行疏散，必须满足 $T_{REST} < T_{AEST}$。

　　（2）结合地下立交隧道火灾情况下地下道路环境以及人员的疏散特性，对人员疏散速度、人员行为和反应及开始疏散时间进行了分析，并计算出了不同疏散通道间距情况下人员安全疏散所需的疏散时间。

　　（3）通过对 50 MW 规模火灾的温度、能见度、CO 浓度的模拟计算分析得出，集中排烟方式和纵向排烟方式情况下的可用安全疏散时间。

▶ 结　论

本书依托在建香丽高速公路虎跳峡地下互通立交工程，通过对国内外地下立交的建设和运营的大数据进行挖掘和分析，分析地下立交全寿命期关键安全节点技术瓶颈。在此基础上开展地下互通立交路线关键设计指标、地下互通立交交通安全评价方法与对策、高速公路地下互通立交隧道关键节点施工安全保障技术、高速公路地下立交运营通风与防灾关键技术等四个方面的系统研究，提出了山区高速公路地下互通立交路线指标、地下互通立交交通安全及防灾对策与措施、山区高速公路地下互通立交平面分岔点和空间交叠段的结构计算方法，建立了山区高速公路地下互通立交的通风技术标准。主要研究结论及成果如下：

（1）基于国内外文献综述和相关标准规范条文的分析，借助驾驶模拟实验、问卷调查、实车实验等研究手段，分别针对地下互通立交主线平纵面指标、线形组合方案、出入口连接部设计以及地下互通立交的交通组织开展了论证，初步确定了地下互通立交的一些设计指标：

① 地下互通立交主线隧道出入口段平面线形指标应适当高于一般路段，建议取一般路段建议值的 1.4~1.57 倍，条件受限时取一般路段的 1.25 倍。

② 隧道出入口段竖曲线设计指标宜取一般路段的 1.5 倍，条件受限时，凸型竖曲线可取一般路段最小值的 1.25 倍。

③ 地下道路适用的线形组合方案类型要多于地上道路，其中：最佳组合类型包括组合类型 7（竖曲线位于平曲线的中间，跨越缓和曲线、圆曲线和缓和曲线）、组合类型 8（竖曲线位于圆曲线内）和组合类型 11（竖曲线与平曲线交叉，跨越直线、缓和曲线和圆曲线），组合类型 1（竖曲线与平曲线交叉，跨越直线和缓和曲线）、组合类型 5（平包纵，竖曲线位于缓和曲线内）和组合类型 6（平包纵，竖曲线位于缓和曲线和圆曲线内）在使用时需考虑第二缓和曲线中点至 HZ 点的安全问题，组合类型 3（竖曲线与平曲线交叉，跨越直线、缓和曲线、圆曲线和缓和曲线）在使用时要同时考虑第一缓和曲线中点至 HY 点/变坡点的安全问题，组合类型 13（竖曲线与平曲线交叉，跨越直线和缓和曲线）在使用时则要考虑竖曲线起点至变坡点/HZ 点的安全问题。

④ 地下互通立交不宜采用左侧进出的匝道形式，且加减速车道的长度要较地上道路有所加长。

⑤ 地下互通立交出入口匝道车道数应完全匹配。特殊情况时，应根据不同服务水平来确定交通管理措施。

⑥ 地下互通立交出入口端部识别视距应为一般路段的 1.5 倍，同时采取加强照明、景观装饰、配套引导设施等措施提高其可视性。

⑦ 地下互通立交隧道内允许车辆换道的距离一般情况下宜大于 240 m，特殊情况下应满足 180 m 的最小值。

⑧ 地下互通立交主线隧道入口前 150 m 至进洞后 300 m、出口出洞前 300 m 至出洞后 100 m，应采取施画白色实线等形式禁止车辆换道。

⑨ 地下互通立交主线隧道出口与立交出口净距满足规范一般值 1 km 时，隧道内按照现行规范设置预告标志等设施；低于规范一般值 1 km 但大于等于 460 m（六车道高速）或 280 m（四车道高速）时，隧道内除设置预告标志外，还应设置路面出口预告标记；低于 460 m（六车道高速）或 280 m（四车道高速）时，隧道内除设置预告标志和路面出口预告标记外，还应采用白色虚线允许变道。

⑩ 地下互通立交匝道入口接隧道洞口时，应结合具体间距合理设置白色实线禁止车辆在隧道洞口处变道。净距满足 150 m 洞外白色实线长度和 180 m 一次变道最小长度时，内侧两车道间可采用白色虚线允许变道；净距满足 150 m 洞外实线长度和 100 m 间距时，外侧两车道间可采用白色虚线允许变道；净距不满足 150 m 洞外实线长度时，外侧两车道间可设置左实右虚标线，洞口白色实线长度应不小于 30 m。

（2）针对香丽高速公路虎跳峡地下互通立交段（K48+415.78 ~ K83+733）（长度约 35.318 km）的道路线形设计指标，连续下坡、隧道群对地下互通立交的影响以及地下互通行车安全进行了分析，提出了地下互通立交安全运营保障建议措施：

① 虎跳峡地下互通路段路线设计指标符合现有标准规范要求。互通立交左右线各匝道出入口与隧道间距离均低于现行《公路路线设计规范》和《公路立体交叉设计细则》规定的最小值，应采取《公路立体交叉设计细则》5.4.5 条的措施："3 当地形特别困难，不能满足上述净距要求而互通式立体交叉及其他设施必须设置时，应结合运行速度控制和隧道特殊结构设计等，提出完善的交通组织、管理和运行安全保障措施，经综合分析论证后确定设计方案。"

② 连续长下坡路段，在不超载的情况下，尽管五轴和六轴货车制动器温度达到警戒值，导致制动受到影响，但各型货车均不会出现制动器失效的情况；而在超载状况下，四轴、五轴和六轴货车均会在下坡 14 km 后制动器温度达到 260 ℃，导致制动失效。尽管设计中设置了两处避险车道，但由于分别位于在园宝山和红石哨村隧道间（YK55+170）和上补洛和昌格洛隧道间（YK70+257.59），避险车道不易识别，为了提高香丽高速公路虎跳峡地下互通段的整体安全水平，建议加强交通安全管理，对于五、六轴大货车进行提前的危险警示，严禁超载运行，并且在进入路段前做好制动器检查。同时，在既有交通工程措施上采用设置提前预告标志、标线等措施确保失控车辆驾驶员正确驶入避险车道。

③ 地下互通立交前连续隧道群的存在提高了地下互通的交通安全运营风险水平，建议在隧道洞口施画黄黑相间全尺寸立面标记，提高隧道洞口的可视性；隧道内设置反光轮廓带，并设置隧道出口距离标志。

（3）基于虎跳峡高速公路彪水岩隧道断面大，变截面多，洞内分岔匝道支洞、隧道经过多条围岩破碎地带、穿越地震多发区域，部分地段的围岩等级较差的特点，采用数值计算、方案设计研究、理论研究等方法：

① 进行了彪水岩大断面分岔互通隧道荷载分布模式研究，研究了山区高速公路大

断面分岔隧道的三维计算方法，根据围岩应力的变化情况，在此基础上进行了不同跨度隧道的压力拱高度计算，得到了山区高速公路大断面分岔隧道围岩塌落拱的空间分布规律。根据新的塌落拱判别方法确定分岔隧道不同区段围岩竖向荷载在隧道纵向的变化规律，得到分区段荷载的分布规律；引入了隧道安全间距的影响，对之前研究成果的系数进行了修正，提高了山区高速公路工程的经济性和安全性；结合塌落拱变化规律与围岩的拉应变判断准则，得到了中夹岩的荷载变化规律与拉应变扰动区随纵向距离的变化规律，在Ⅳ级围岩时，小间距隧道相距 12 m 后中夹岩处的拉应变开始小于允许值，中夹岩的稳定性提高；给出了不同等级的围岩进行围岩安全稳定性分析，当围岩等级从Ⅳ级变为Ⅴ级后，隧道开挖后，应力水平变化幅度较小，但围岩的竖向位移与水平位移发生大幅度的增加，拉应变扰动区的扩展范围增加较大。

② 对Ⅳ级与Ⅴ级围岩进行锚喷、衬砌支护后，Ⅳ级围岩的拉应变扰动区改善效果较小，Ⅴ级围岩施作衬砌支护后，拉应变扰动区大幅度减少，同时水平位移与竖向位移减小幅度更加明显；同等条件下，在围岩等级较差时，锚喷、衬砌支护发挥的作用更为明显。

③ 对围岩参数进行整体与局部强度折减分析，参照位移突变或者计算结果的收敛情况作为判断依据，得到整体强度折减后，围岩的安全系数为 1.63，同样进行围岩局部强度参数折减后，得到大断面、连拱隧道、小间距隧道的安全系数分别为 1.75、2.88、1.81；从局部安全系数可知，大断面隧道对围岩稳定性的影响较大。

④ 根据围岩的稳定性和最终的收敛变形，综合比较大断面法、三台阶法与双侧壁导坑施工工法可知，推荐本项目中优先选取双侧壁导坑法。

从张拉应变扰动、不同上下叠夹岩厚度的分析，以及开挖隧道不同施工顺序的模拟分析，发现对于交叠隧道，当两隧道平行开挖时，其张拉应变扰动区的范围最大，交叠角度45°与90°对应的竖向位移差别较小，由于上部隧道的卸荷作用，下洞隧道拱顶处的位移在交叉中心开始减少，并且他们对应的张拉应扰动区的范围较平行开挖时较小，在两隧道交叠处，张拉应变区的范围与平行开挖时较接近；当两隧道上下叠夹岩厚度减少到 0.75D 时，需要对其加固，通过施作衬砌+锚喷支护，两隧道的竖向与水平位移得到极大改善，同时张拉应变扰动区的范围大幅度减少；采用先下后上的开挖顺序相比先上后下的开挖顺序更优，其对应的地面沉降位移、上洞拱顶的沉降位移以及张拉应变扰动区的范围均较小。

⑤ 结合工程概况开展了大断面分岔互通隧道科研监测技术研究，针对大断面分岔互通隧道，提出了随施工分断面形式的监测技术与监测方案；在大断面隧道段关注隧道仰拱压力、围岩压力、两层支护间压力、钢架内力及外力，在连拱、小间距隧道段关注隧道仰拱压力、围岩压力。

（4）结合大型地下互通式立交的设置形式、交通流特性等，通过研究其合理的通风方式、其营运期间的气流组织及节能技术等问题，研究火灾时期人员的安全疏散问题：

① 依据我国的国情和国外不同交通状况下的设计浓度，确定地下立交隧道的通风标准。

② 根据目前地下立交隧道建设的实际状况和技术水平，建立了地下立交隧道防火安全等级体系。提出了影响地下立交隧道防火安全等级的 5 个因素和 4 种关系，认为地下立交隧道防火安全等级的划分必须同时考虑地下立交隧道长度和交通量。选取地下立交隧道的特征长度分别为 0.5 km、1.0 km、3.0 km、5.0 km，交通量影响分级的临界值为取 5 000 pcu/d，将地下立交隧道防火安全等级划分为 5 个等级。

③ 根据本研究划分的地下立交隧道防火安全等级，给出了与之相对应的防火设施配置。

参考文献

［1］ 邹云，蒋树屏. 重庆朝天门两江隧道方案研究. 公路交通技术，2004（4）：79-83.

［2］ 交通运输部. 公路工程技术标准：JTG B01—2003. 北京：人民交通出版社，2003.

［3］ 日本道路公团. 日本高速公路设计要领. 西安：陕西旅游出版社，1991.

［4］ 杜尔特 W. 联邦德国道路设计. 1987.

［5］ 霍明. 山区高速公路勘察设计指南. 北京：人民交通出版社，2003.

［6］ 陈胜营，张剑飞，汪亚干. 公路设计指南. 北京：人民交通出版社，2000.

［7］ 张雨化. 道路勘测设计. 北京：人民交通出版社，1999.

［8］ 杨少伟. 道路立体交叉规划与设计. 北京：人民交通出版社，2000.

［9］ 交通运输部公路科学研究所. "高速公路加减速车道长度设计标准"研究报告. 2001.

［10］ ALBERTA Infrastructure. Highway Geometric Design Guide. 1999.

［11］ WASHINGTON D. Highway capacity manual. Special Report, 2000, 1(1/2): 5-7.

［12］ American Association of State Highway and Transportation Officials. A Policy on Geometric Design of Highways and Streets. American Association of State Highway and Transportation Officials. 2001.

［13］ 徐秋实，任福田，孙小端，等. 高速公路互通式立交加速车道长度的研究. 北京工业大学学报，2007（3）：298-301.

［14］ MORGAN J F, ORON-GILAD T, HANCOCK P A. The Driving Simulator as a Workload Research Tool. 2005.

［15］ ASME Paper 65-WA/HUF-13. 1965.

［16］ BEINKE R E, WILLIAMS J K. Driving simulator Paper presented at the General Motors Corporation Automotive Safety Seminar. 1968.

［17］ LINCKE W, RICHTER B, SCHMIDT R. Simulation and Measurement of Driver Vehicle Handling Performance. Sae Preprints, 1973.

［18］ NORDMARK S, JANSSON H, LIDSTRÖM M, et al. A moving base driving simulator with wide angle visual system: prepared for the TRB conference session on "Simulation and instrumentation for the 80s". Washington D C: 64th Annual Meeting, Transportation Research Board, 1985.

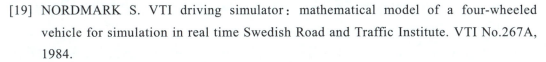
[19] NORDMARK S. VTI driving simulator：mathematical model of a four-wheeled vehicle for simulation in real time Swedish Road and Traffic Institute. VTI No.267A, 1984.

[20] SWETS，ZEITLINGER. Proceedings of the Third International Conference on Vehicle Dynamics part 6: Structural Dynamics. 1975.

[21] HAHN S，KDING W. The Daimler-Benz Driving Simulator–Presentation of Selected Experiments//SAE International Congress and Exposition. 1988.

[22] KDING W, HOFFMEYER F. The Advanced Daimler-Benz Driving Simulator// International Congress & Exposition. 1995.

[23] NORDMARK S. The New Trygg Hansa Truck Driving Simulator: an advanced toll for research and training. 1992.

[24] WEIR D H, BOURNE S M. An Overview of the DRI Driving Simulator. 1995.

[25] STALL D, BOURNE S. The National Advanced Driving Simulator: Potential Applications to ITS and AHS Research. 1996.

[26] WEIR D H, CLARK A J. A Survey of Mid-Level Driving Simulators//International Congress & Exposition. 1995.

[27] BREUER J J，KAEDING W. Contributions of driving simulators to enhance real world safety//Tsukuba, Japan: Proceedings of the Driving Simulator Conference Asia/ Pacific, 2006.

[28] GREENBERG J, ART B, CATHEY L. The Effect of Lateral Motion Cues During Simulated Driving//North America：Driving Simulation Conference(DSC), 2003.

[29] HUESMANN A, EHMANNS D, WISSELMANN D. Development of ADAS by means of driving simulation// Paris：Proceedings of the Driving Simulator Conference, 2006.

[30] FEENSTRA P J, WENTINK M, ROZA Z C, et al. Desdemona, an alternative moving base design for driving simulation. 2007.

[31] 郭凤香，熊坚，秦雅琴，等. 基于驾驶模拟实验的 85%位车速预测模型. 交通科技与经济，2010，12（3）：104-107.

[32] 郭凤香，熊坚，刘洪启，等. 隧道中央隔离设施安全效果的模拟评价研究. 武汉理工大学学报（交通科学与工程版），2011，35（4）：723-727.

[33] 张元元，王晓原，张敬磊. 基于驾驶模拟实验的自由流状态汽车驾驶倾向性辨识模型验证方法. 武汉理工大学学报，2011，33（9）：82-86.

[34] 李平凡，王殿海，刘东波，等. 基于驾驶人生理心理参数的午餐后驾驶疲劳分析[J]. 长安大学学报（自然科学版），2011，31（4）：81-86.

[35] 陈瑞，张志清，赵廷杰，等. 基于驾驶员心率增长率的穿村镇公路平面线形安全评价. 交通信息与安全，2011，29（3）：74-78.

[36] 徐志，杨孝宽，赵晓华，等. 基于神经网络的应急疏散状态下车辆跟驰模型. 北京工业大学学报，2011，37（6）：882-887.

[37] 龚鸣，沈党云，魏中华，等. 驾驶模拟器指路标志参数标定研究. 公路交通科技（应用技术版），2011，7（4）：254-257.

[38] 胡孟夏，王岩，李一兵，等. 驾驶模拟在交通事故致因理论体系中的应用研究. 交通运输工程与信息学报，2011，9（2）：35-40.

[39] 毛喆，严新平，吴超仲，等. 疲劳驾驶时的车速变化特征. 北京工业大学学报，2011，37（8）：1175-1183.

[40] MAO Z, YAN X, ZHANG H, et al. Driving Simulator Validation for Drivers' Speed Behavior// International Conference on Transportation Engineering. 2009：2887-2892.

[41] CALVI A，BELLA F, D'AMICO F. A Driving Simulator Study on Diverging Driver Performance Along Parallel and Tapered Deceleration Lane// Transportation Research Board 94th Annual Meeting. 2015.

[42] 杨洪. 单洞双向行车公路隧道运营及救灾通风技术研究. 成都：西南交通大学，2011.

[43] 胡振瀛. 巴黎交通的奇特解决方法，或者仅仅是一种设想呢？[J]. 地下空间，1990（2）：140-152.

[44] 王秀文，钱七虎. 美国波士顿地下空间开发利用与城市更新（下）：挑战巴拿马运河、英吉利海峡的中央大道改造工程. 中国人民防空，2002，7：26-27.

[45] 陈晓强，钱七虎. 我国城市地下空间综合管理的探讨. 地下空间与工程学报，2010，6（4）：666-671.

[46] 刘宏. 大型地下互通式立交通风防灾技术研究. 重庆：重庆交通大学，2011.

[47] 丁平. 大型地下互通式立交隧道通风系统研究. 西安：长安大学，2014.

[48] 王海燕，王晓华，娄中波. 城市地下道路设计关键技术问题探讨. 中国市政工程，2012（6）：52-54；60；106.

[49] 林志，李勇，靳晓光. 大型江底地下互通式立交枢纽建造技术研究. 土木工程学报，2010，43（2）：110-118.

[50] 田元进，覃增雄，郭小红. 地下互通式立交在城市跨江（海）隧道中的应用及技术问题. 城市交通. 2009（18）：126-127.

[51] 马尉翔. 大型互通立交隧道火灾烟气迁移规律及控制研究. 成都：西南交通大学，2015.

[52] 王中正. 大型互通立交隧道火灾通风排烟组织研究. 成都：西南交通大学，2015.

[53] CARVEL R O, BEARD A N, JOWITT P W. Variation of heat release rate with forced longitudinal ventilation for vehicle fires in tunnels. Fire Safety Journal, 2001, 36(6): 569-596.

[54] FUNABASHI M, AOKI I, YAHIRO M, et al. A fuzzy model based control scheme and its application to a road tunnel ventilation system//Conference of the IEEE Industrial Electronics Society. 1991.

[55] MODIC J. Air velocity and concentration of noxious substances in a naturally ventilated tunnel. Tunnelling & Underground Space Technology Incorporating Trenchless Technology Research, 2003, 18(4): 405-410.

[56] 熊烈强，邵春福，王富，等. 出口匝道连接处通行能力分析计算模型. 北京交通大学学报，2005，29（3）：70-72；76.

[57] 李文权，王莉，王炜，等. 高速公路上匝道合流区通行能力经验模型. 交通运输工程学报，2004，4（2）：80-84.

[58] 慈玉生，吴丽娜，裴玉龙，等. 快速路入口匝道连接段通行能力间隙接受模型. 交通运输系统工程与信息，2009，9（4）：116-119.

[59] 王永平，赵胜林，周磊，等. 高速公路停车视距研究. 交通标准化，2010（17）：129-138.

[60] 钱七虎. 迎接我国城市地下空间开发高潮. 岩土工程学报，1998，20(1)：112-113.

[61] 许彬. 复杂地质隧道结构安全监测关键技术研究. 西安：长安大学，2009.

[62] 林强. 隧道支护体结构健康监测技术研究. 西安：长安大学，2010.

[63] 高峰，周宜一，胡学兵. 厦门市东坪山地下立交工程非对称连拱隧道结构计算分析. 公路交通技术，2013（1）：102-104；115.

[64] 郭子红. 地下立交近接隧道稳定性的理论分析与模拟研究. 重庆：重庆大学，2010.

[65] 程安全. 劈裂注浆在浦城路地下立交工程中的应用. 地下工程与隧道，1998，8（3）：26-28.

[66] 李明，张海忠，魏为成. 厦门机场路东坪山地下立交变速车道设计探讨. 公路交通技术，2011（2）：18-22；26.

[67] 高彬. 城市地下立交通道排水系统设计探讨. 山西建筑，2014，40（25）：158-159.

[68] 马璐，蒋树屏，林志，等. 大型地下互通式立交型式选择方法及实例. 公路交通技术，2011（1）：26-28；36.

[69] 游婷，林利安. 大型地下互通式立交选型探讨. 公路与汽运，2009（5）：37-40.

[70] 刘宏. 大型地下互通式立交通风防灾技术研究. 重庆：重庆交通大学，2011.

[71] 颜勤. 互通式地下立交隧道施工力学研究及方案优化. 重庆：重庆大学，2007.

[72] 阙坤生. 互通式地下立交隧道分岔形式和施工力学行为研究. 北京：北京交通大学，2009.

[73] 蒋树屏，石波，林志，等. 大型地下立交正交下穿段三维有限元数值分析. 隧道建设，2011，31（3）：273-277.

[74] 陈建忠，涂耘. 大型地下互通式立交隧道防灾救援措施探讨. 公路交通技术，2012（2）：129-135.

[75] 张清波，潘庆林，张志伟. 盾构掘进施工引起的交叉隧道沉降监测分析. 工程勘察，2006（12）：63-65.

[76] 黄朱林. 复杂城市地下立交工程施工力学行为研究. 成都：西南交通大学，2007.

[77] 谢应坤. 地下立交隧道交叉段稳定性模拟研究. 重庆：重庆大学，2010.

[78] 黄宣明. 大型地下立交隧道施工技术探讨. 地下空间与工程学报，2007，3（4）：765-769.

[79] 胡学兵. 地下立交设计施工关键技术研究. 公路交通技术，2012（3）：91-95.

[80] 胡学兵. 地下立交设计施工关键技术研究. 隧道建设，2011，31（S1）：255-259.

[81] 王良，刘元雪，李忠友，等. 地下立交的三维有限元数值分析. 地下空间与工程学报，2009，5（3）：456-458.

[82] 靳晓光，张宪鑫，李勇，等. 大型地下立交动态施工过程3D有限元分析. 地下空间与工程学报，2009，5（2）：215-219.

[83] 王秉才. 重庆朝天门两江隧道地下立交方案及其优化研究. 重庆：重庆大学，2008.